GOTT FÜR FÜNFZIG JAHRE SEI DANK:_

ERFAHRUNGEN VON CHRISTUSTRÄGER-
SCHWESTERN UND -BRÜDERN

—

Hrsg.
CHRISTOPH ZEHENDNER
BRUDER THOMAS DÜRR

Vier-Türme-Verlag

RALLIGEN / SCHWEIZ UMBAU FESTSAAL (1977-1978)

TITELBILD AFGHANISTAN / KINDER IN DEN STRASSEN VON KABUL (1992)

INHALT

GOTT SEI DANK FÜR FÜNFZIG JAHRE /

ERFAHRUNGEN VON CHRISTUSTRÄGER-SCHWESTERN UND -BRÜDERN

KAPITEL 01

GOTT SEI DANK: _

WAS IHR GETAN HABT EINEM VON DIESEN MEINEN GERINGSTEN BRÜDERN, DAS HABT IHR MIR GETAN. MATTHÄUS 25,40B

—

»Wir Christusträger haben uns für dieses neue Leben entschieden, ein Leben, das Jesus geweiht ist: ›Herr, hier bin ich, Du kannst mit mir machen, was Du willst!‹ In dieser Hingabe liegt Erfüllung. So wird jeder Tag ein spannendes Abenteuer. Wir lieben dieses Leben voller Überraschungen. In allem entdecken wir die Liebe Gottes zu uns und zu den Menschen, mit denen Er uns zusammenführt.« — RUNDBRIEF : 1971

Fünf Jahrzehnte sind es nun her, dass Gott die evangelische Gemeinschaft der CHRISTUSTRÄGER ins Leben rief. Angeregt durch die Radikalität des Wortes Gottes, herausgefordert durch das Elend der Welt und inspiriert durch Gottes Geist wagt eine Reihe junger Männer und Frauen den Schritt zum verbindlichen gemeinsamen Leben. Aus Liebe zu Jesus und als Antwort auf seine Liebe verzichten sie auf Besitz, Ehe und persönliche Freiräume, weil sie frei sein wollen für Gott und die Menschen. ¶

Die Schwestern und Brüder der ersten Stunde erkennen von Anfang an zwei Hauptaufgabengebiete: Zum Ersten die Armut in der Welt, die Elendsviertel, die Hungernden und Leidenden in Asien, Südamerika und Afrika. Schon bald reisen die ersten Mitglieder der Gemeinschaft aus, um bitterarmen Menschen in einem Elendsviertel in Pakistan medizinische Hilfe zu bringen. Heute sind Brüder und Schwestern tätig in Afghanistan und im Kongo, in Indonesien, Pakistan und Argentinien.

Genauso aktiv nehmen Brüder und Schwestern aber auch von Anfang an den Kampf gegen geistliche Armut auf, gegen Gottlosigkeit und Verzweiflung, Orientierungslosigkeit und Gleichgültigkeit. Mit für damalige Verhältnisse geradezu revolutionär klingender Musik, mit aufrüttelnden Texten und herausfordernden Referaten ziehen die CHRISTUSTRÄGER durchs Land, predigen in Kirchen, Gemeindehallen, Universitäten und Tanzsälen das Evangelium so leidenschaftlich, wie sie es verstehen und selbst leben. Bis heute sind CHRISTUSTRÄGER zu Gemeindewochen und Gottesdiensten unterwegs, arbeiten bei offenen Abenden und missionarischen Aktionen mit, laden zu Tagungen und Stillen Tagen in ihre verschiedenen Häuser ein. ¶

»Wir hatten nie eine Neigung, große Programme zu entfalten oder Jahrhundertwerke zu bauen, sondern wir wollten von Anfang an immer nur unser eigenes Leben, so gut es irgend geht, anlegen für die Aufgaben Gottes in der Welt. Wir wissen nicht, was wir morgen alles tun werden oder was wir morgen nicht mehr tun können. Aber wir wollen in jedem Fall Jesus dienen mit ganzen Kräften und die Zeit ausnützen.« — BR. DIETER, RUNDBRIEF : 1975

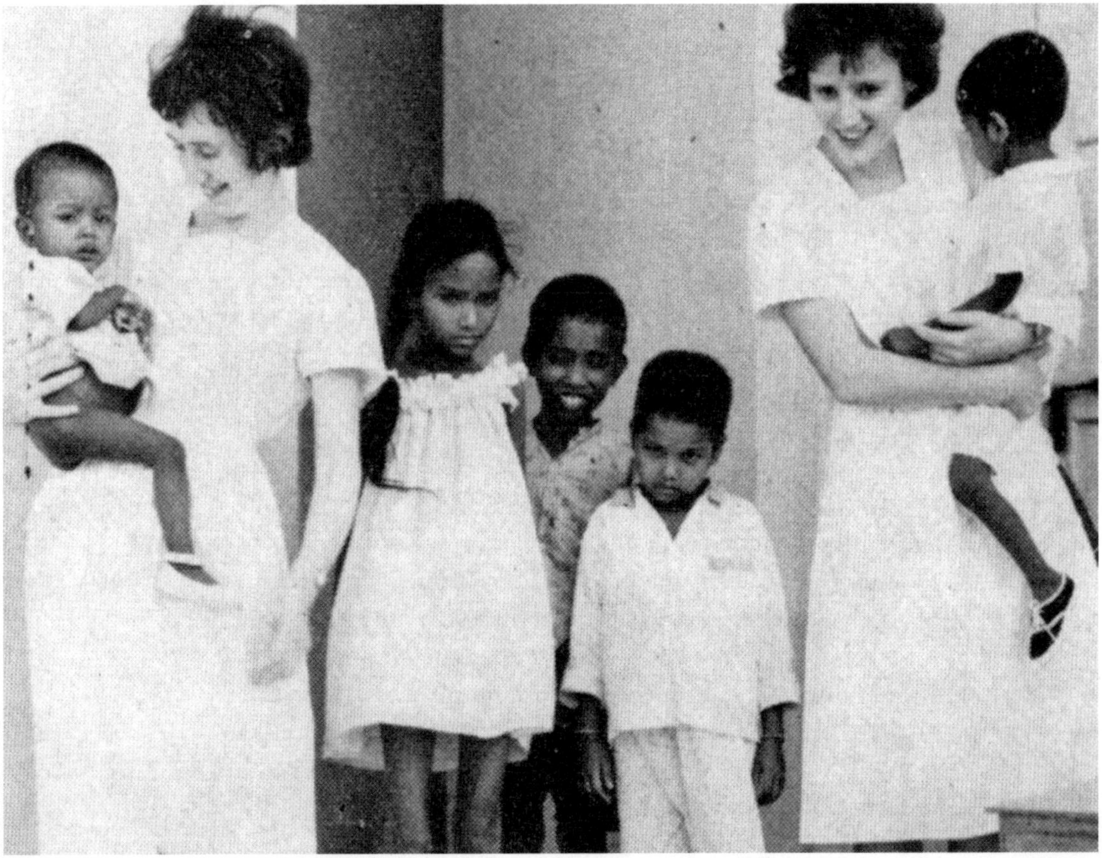

PAKISTAN SR. HILDEGARD UND SR. WALTRAUT IN KARACHI (1963)

CT-CHRONIK

1960-61 GEISTLICHER AUFBRUCH IN DER JUGENDGRUPPE VON PASTOR OTTO FRIEDRICH IN DARMSTADT. BEGEGNUNGEN VON OTTO FRIEDRICH MIT BR. ERWIN KLINGE VON DER »BRUDERSCHAFT VOM GEMEINSAMEN LEBEN« · **7.12.61** GRÜNDUNG DES VEREINS »CHRISTUSTRÄGER E.V.« · **FEB 62** ERSTE EVANGELISATION »JAZZ-JUGEND-JESUS« MIT GEMIETETER BAND IN DARMSTADT-EBERSTADT. → S 12

Die Gottes- und Nächstenliebe hat seit je Menschen, Völker und Kulturen verwandelt und diakonische und missionarische Werke und Gemeinschaften hervorgebracht. In dieser Tradition stehen wir CHRISTUSTRÄGER. Diakonie und Mission, Tat und Wort, Lebensstil und Predigt – diese Verbindung empfinden viele Zeitgenossen als glaubwürdig, authentisch und ansteckend. Durch die Jahre und Jahrzehnte hindurch wächst die Arbeit der CHRISTUSTRÄGER in Deutschland und der Schweiz und von hier aus in verschiedenen Einsatzgebieten in einem halben Dutzend Ländern der Erde.

Heute, fünf Jahrzehnte später, schauen wir staunend und dankbar zurück auf das, was Gott in dieser Zeit möglich gemacht hat. Wir denken an die Hungernden, Kranken, Leidenden, denen wir Brot, Medizin oder ein gutes Wort reichen konnten. Wir denken an Menschen ohne Halt, Sinn und Orientierung, denen wir einen Weg zum auferstandenen Jesus Christus zeigen konnten. Wir denken an die, deren Leben durch die Begegnung mit Jesus reich beschenkt wurde und die gemeinsam mit uns ihm und seiner Sache dienen. Wir denken aber zuerst und vor allen anderen Dingen an den, der diese Bruder- und Schwesternschaft begonnen und bis heute begleitet hat, der jeden Einzelnen von uns berufen und in den Dienst gestellt hat: *Christus, der uns trägt und den wir hinaustragen wollen zu den Menschen.* ¶

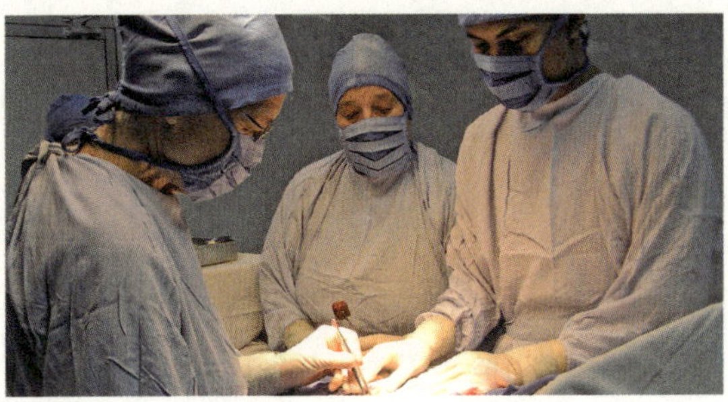

OBEN DIE CHRISTUSTRÄGER-BAND »CTA« MIT ULRICH PARZANY AUF DEM KIRCHENTAG 1975 IN FRANKFURT AM MAIN

UNTEN INDONESIEN / SR. ELISABETH UND SR. GISELA IN KUDUS (2007)

ARGENTINIEN / JUJUY SR. BÄRBEL IN DER KINDERTAGESSTÄTTE (1988)

Ohne ihn wären wir nicht entstanden, ohne ihn hätte unsere Arbeit keine Wirkung. Darum treffen wir uns regelmäßig zum gemeinsamen Gebet, hören auf Gottes Wort, feiern das Abendmahl und laden auch andere Menschen zu Gebet, Gottes Wort und Gemeinschaft ein. Es ist wahr, was schon unsere Brüder und Schwestern der ersten Stunde formuliert haben:

»In dieser für die Menschheit entscheidenden Zeit hat Gott durch sein heiliges Wort zu uns geredet. Wir haben weder darüber nachgedacht, noch diskutiert oder gar kritisiert, sondern es genauso bedingungslos getan, wie es Jesus gesagt hat. Und dann haben sich die herrlichen Verheißungen an uns erfüllt.« – AUS DEM ERSTEN RUNDBRIEF DER CHRISTUSTRÄGER : 1963

»*Gott sei Dank!*« sagen wir deshalb in der Rückschau und genauso auch beim Blick nach vorne. Und wir tun es aus vollem Herzen, als Überzeugungstäter, die begeistert sind von Jesus und seinem Wort.

BENSHEIM-AUERBACH PARKVILLA DER BRÜDER (1975)

Wir wollen an dieser Stelle auch allen Schwestern und Brüdern danken, die mittragen und mitgetragen haben. Unser Dank gilt auch jenen, die gute Jahre ihres Lebens in die Gemeinschaft eingebracht haben. Und »*Gott sei Dank*« auch für jene, die schon in der himmlischen Heimat sind.

50 Jahre alt wird unsere Gemeinschaft im Jahr 2011. Wir wollen Sie in diesem Buch teilhaben lassen an Geschichte, Gegenwart und Zukunftshoffnungen, an Entwicklungen und Erkenntnissen unserer Gemeinschaft. So mischen sich alte Rundbriefzitate mit aktuellen Worten und Fotos aus dem Archiv mit Bildern aus jüngerer Zeit. *Danke für Ihr Interesse an uns, unseren Erfahrungen und unserem Auftrag.*

Und nun wünschen wir Ihnen viel Freude und Gewinn beim Lesen und Entdecken dieses »*Gott sei Dank*«-Buches.

Sr. Astrid, Sr. Dorothea und Sr. Christine — LEITUNG DER SCHWESTERNSCHAFT
Br. Christian und Br. Gustav — LEITUNG DER BRUDERSCHAFT

EPIPHANIAS 2011 /

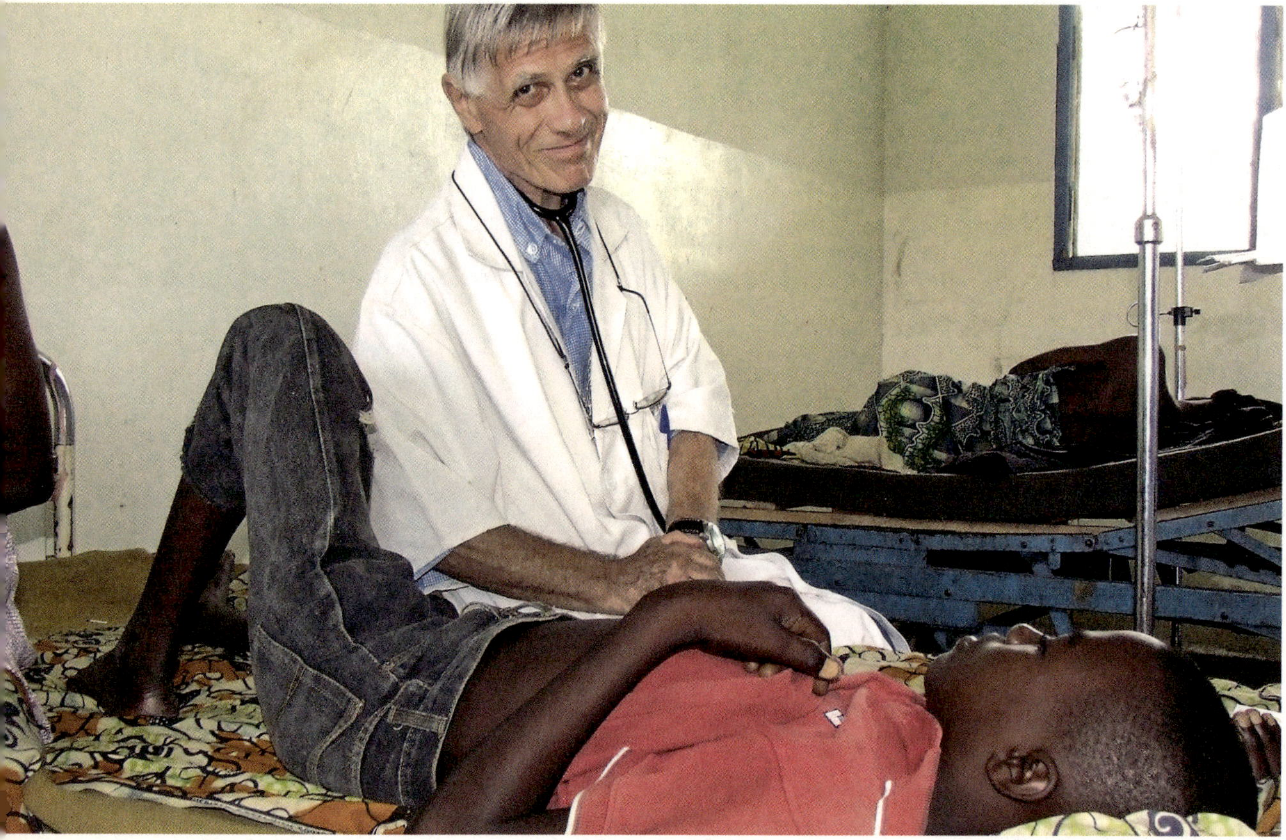

KONGO / VANGA BR. REINHART

1962 EINZUG DER ERSTEN SCHWESTERN BEI FAMILIE KLINGE IN DER WEINBERGSTRASSE 14 IN BENSHEIM-AUERBACH. LEITUNG DES »SCHWESTERNHAUSES«: BR. E. KLINGE · **MÄRZ 63** DIE ERSTEN BRÜDER BEZIEHEN DIE PARKVILLA DARMSTÄDTER STRASSE 246 IN BENSHEIM-AUERBACH. NACH WEITEREN EINTRITTEN ENTWICKELT SICH IM »BRÜDERHAUS« DAS GEMEINSAME LEBEN MIT TAGZEITENGEBETEN, KLAUSUR UND NOVIZIAT. LEITUNG: BR. O. FRIEDRICH. → S 18

CHRISTOPHORUS / CHRISTUSTRÄGER

»*Christusträger*« ist die deutsche Übersetzung des Namens »*Christophorus*«. Die Gestalt des legendären Christophorus stand bei der Entstehung unserer Gemeinschaft nicht im Vordergrund. Doch im Laufe der Zeit entdeckten wir, dass *Christophorus* uns und unsere Berufung treffend widerspiegelt.

Christophorus – das ist der Mensch, der sich den Sinn nicht vorsetzen und vorsagen lässt, sondern ihn sucht. Er schweift nicht ziellos ins Blaue. Er will dem Größten dienen, auch wenn er es noch nicht benennen kann. So stellt *Christophorus* an einem reißenden Strom seine eigenen Lebenskräfte den Menschen zur Verfügung, die sonst nicht durch das Wasser kämen. Darin suchte er Gott zu dienen.
Die Legende erzählt:

Als schon viele Tage vorübergegangen waren und Christophorus einmal in seiner Hütte ausruhte, hörte er die Stimme eines Kindes, das ihn herbeirief und sprach: »Christophorus, komm heraus und bring mich hinüber!« Christophorus ging hinaus und fand am Ufer des Flusses einen Knaben, der ihn inständig bat, ihn über den Fluss zu bringen. Da hob Christophorus den Knaben auf seine Schultern, nahm seinen Stab und stieg in den Fluss, um ihn zu überqueren. Und siehe, da schwoll das Wasser des Flusses mehr und mehr an, und der Knabe wog schwer wie Blei. Je weiter Christophorus vorwärts schritt, umso mehr wuchs die Woge, und der Knabe drückte mehr und mehr mit unerträglichem Gewicht auf seine Schultern, so dass Christophorus in große Bedrängnis geriet und fürchtete umzukommen. Als er der Gefahr kaum entronnen war und den Fluss überquert hatte, setzte er den Knaben am Ufer ab und sprach zu ihm: »In große Gefahr hast du mich gebracht, Knabe, und du wogst so schwer, dass ich wohl kaum eine größere Last gespürt hätte, wenn ich die ganze Welt auf mir gehabt hätte!« Da antwortete ihm der Knabe:
»Wundere dich nicht, Christophorus, du hast nicht nur die ganze Welt auf dir gehabt, sondern du hast auch noch den auf den Schultern getragen, der die ganze Welt geschaffen hat. Ich bin nämlich Christus, dein König, dem du mit dieser Arbeit dienst.«

AUS DER »LEGENDA AUREA« DES JACOBUS VON VORAGINE

KAPITEL 02

GOTT FÜR UNSERE ANFÄNGE SEI DANK: _

DARUM GEHET HIN UND MACHET ZU JÜNGERN ALLE VÖLKER: TAUFET SIE AUF DEN NAMEN DES VATERS UND DES SOHNES UND DES HEILIGEN GEISTES UND LEHRET SIE HALTEN ALLES, WAS ICH EUCH BEFOHLEN HABE. UND SIEHE, ICH BIN BEI EUCH ALLE TAGE BIS AN DER WELT ENDE. MATTHÄUS 28,19-20

—

Alles begann damit, dass junge Leute das Wort Gottes hörten, davon gepackt wurden und es mit ihrem Leben radikal umsetzen wollten. Angezogen von der Person des Herrn und ergriffen von seinen Predigten übten sie die ersten Schritte des Teilens und Helfens ein. Aus diesen geistlichen Aufbrüchen heraus gründeten wir im Dezember 1961 den Verein der »CHRISTUSTRÄGER«. Wenig später zog eine Gruppe junger Frauen in eine Dachwohnung in Bensheim-Auerbach ein, einige junge Männer in die Mansarde einer alten Jugendstilvilla in der Nähe.

Im Frühjahr 1963 reisten die ersten Schwestern nach Pakistan aus, um dort den Leprakranken zu dienen. Weitere Schwestern und Brüder folgten ihnen bald und begannen mit missions-diakonischen Diensten in verschiedenen Entwicklungsländern. Zu Hause in Deutschland wurden aus Nachbarschaftsbesuchen in Gemeinden bald schon festliche Evangelisationen mit viel Musik. ¶

Das gemeinsame Leben einer christlichen »*Kommune*« wurde immer mehr zur »*Kommunität*«. Wir entdeckten das Leben nach den Evangelischen Räten {Ehelosigkeit, Armut bzw. Gütergemeinschaft und Gehorsam} als einen Weg der Freiheit für das Reich Gottes. Und wir fanden immer mehr hinein in die gute Tradition der Bruderschaften und Kommunitäten. Stück für Stück entstanden eine CHRISTUSTRÄGER-Bruderschaft und eine CHRISTUSTRÄGER-Schwesternschaft.

Wenn wir heute die Worte in den Rundbriefen der ersten Jahre lesen {geschrieben von unseren ersten Brüdern und Schwestern und von den Gründern Br. O. Friedrich und Br. E. Klinge}, dann wundern wir uns manchmal über die provozierend-selbstbewusste Ausdrucksweise. Vor allem aber staunen wir über die ungestüme Leidenschaft für Jesus und das Feuer der ersten Liebe zu ihm, das aus diesen Worten spricht:

»Ich fragte mich, wie ich wohl helfen solle, da ich ja keinen dafür geeigneten Beruf hatte, wie etwa Krankenschwester, und auch nie eine Fremdsprache gelernt oder eine Bibelschule besucht hatte. Andererseits aber kann man als junger, freier Mensch und Christ nicht einfach zuhören, wie Menschen auf der Straße sterben und im Elend umkommen!
Es ließ mich nicht mehr los, und ich hörte die Stimme Jesu: ›Wer sein Leben findet, der wird es verlieren; und wer sein Leben verliert um meinetwillen, der wird es finden‹ {Matthäus 10,39} und dann das andere: ›Was ihr getan habt einem unter diesen meinen geringsten Brüdern, das habt ihr mir getan‹ {Matthäus 25,40}. Darum konnte ich gar nicht anders, als mich sofort bedingungslos einzusetzen.« — SR. BRIGITTE : 1964

BENSHEIM-AUERBACH CT-SCHWESTERN 1964

CT-BRÜDER 1964

»Als wir Brüder mit dem gemeinsamen Leben begannen, konnte sich noch keiner vorstellen, was eine Bruderschaft im tiefsten Sinne ist. Zuerst waren wir zu viert. Vier junge Brüder, direkt aus dem Alltagsleben herausgenommen, ganz verschieden nach Alter, Beruf und Herkunft. Für uns war es überraschend, dass wir trotz aller Unterschiede gut miteinander auskamen. Gott hat damals das Band der Bruderliebe um uns gelegt, so dass wir uns verstehen und uns gegenseitig dienen konnten. Er, der gnädige Gott, hat in dieser Zeit die Fundamente gelegt, auf denen das Gebäude einer Bruderschaft stehen kann. Es war ein hoffnungsvoller Anfang damals, voller Begeisterung und Hingabe«. — BR. UDO : 1964

»Als ich zum ersten Mal Kartoffeln schälte oder Löwenzahn suchte, dachte ich mir: ›Na, das will was werden!‹ Jetzt weiß ich: Alles das, was ich in der Küche oder anderswo bewirke, verrichte ich für die Brüder – für Jesus. ›Koch aus Liebe‹, das ist eine feine Sache!« — BR. GEORG : 1964

BR. REINHART UND BR. ULI REISEN NACH KINSHASA AUS (1976)

MAI 63 SR. WALTRAUT UND SR. HILDEGARD REISEN NACH KARACHI/PAKISTAN AUS. WEITERE SCHWESTERN UND BRÜDER FOLGEN IM SELBEN JAHR UND ERRICHTEN EINE KRANKENSTATION IM SLUM VON LALUKHATE · **JULI 63** ERSTE FREIZEIT IN DER PARKVILLA FÜR MITARBEITER DER JUGENDARBEIT
JUNI 64 SR. WANDA ÜBERNIMMT ALS ÄRZTIN DIE LEITUNG IM LEPRA-ASYL IN MANGHOPIR/PAKISTAN. → S 20

»Die Schwestern und Brüder führen ein strenges Leben. Asketische Übungen können wir uns sparen. Unsere Evangelisationen und Jugendeinsätze müssen nach Feierabend starten. Unser Bus ist Wohn-, Speise- und Schlafwagen. Aber wer heute Unternehmer ist, oder wer nur ein wenig vom Leben haben will, der führt auch ein bewegtes Hin und Her. Wir wollen aus dem Leben, das wir als Gabe empfangen haben, herausholen, was immer geht. Sie wissen doch, das ist die Geschichte mit dem Weizenkorn.« — BR. O. FRIEDRICH : 1964

»Als Erstes gilt es loszulassen: Das trifft manchmal die geliebten Eltern, die gewohnte Umgebung, die treuen Freunde, den erfolgreichen Beruf und die finanzielle Sicherheit. Gemeinsames Leben erfordert Konsequenzen, nicht als Strafe, sondern zu unserer Heilung. Nur in dem Maße, wie wir loslassen, sind wir fähig, uns an Jesus zu binden, und erfahren echte Freiheit. Somit sind wir schon beim zweiten Schritt – der Bindung an Jesu Willen. Gott wartet täglich, um uns Seine Befehle erteilen zu können. Wir sind nicht einem diktatorischen Herrscher unterstellt, wohl aber unserem Schöpfer. Er will kreativ durch uns wirken, und dazu brauchen wir Seine Anleitung.
Öffnen wir uns Ihm, sind wir die Beschenkten. Schon viele Wunder haben wir erlebt, das größte Wunder jedoch geschieht an uns selbst. Wir stellen uns seiner Korrektur und erfahren so Veränderung.« — SR. MARIA : 1976

»Das war es, was mir fehlte! Brüder und Schwestern mit demselben Auftrag. Hier wächst eine Liebes- und Lebensgemeinschaft heran, ihrem Herrn und Heiland treu und gehorsam dienend. So lerne ich nun das Wichtigste: In meinem Bruder Christus erkennen! Jesus, nahe wie der Händedruck und Blick des Bruders, das wird mir ständig zu neuem Erlebnis.
Christusträger sind aber auch eine junge Schar von Betern. Sie haben es nicht gekonnt, aber sie haben es gelernt, sie waren schwach als Einzelne, aber wurden stark in der Gemeinschaft der Brüder. Mehr und mehr wachsen sie zusammen in der Liebe zum Herrn. Deshalb liegt auf der Bruderschaft der Segen dessen, dem sie dienen.« — BR. ULI : 1964

DIE CHRISTUSTRÄGER-BAND »CTA« IN KARLSRUHE (1969)

1964 IMMER MEHR EVANGELISATIONEN MIT EINER ERSTEN CHRISTUSTRÄGER-BAND. EIN FREUNDESKREIS ENTSTEHT. GÄSTE KOMMEN ZU BESUCH UND ZU FREIZEITEN · SR. MARIA ÜBERNIMMT DIE LEITUNG DES SCHWESTERNHAUSES AUERBACH · **JAN 65** SR. BRUNHILDE UND SR. CHRISTINA REISEN PER SCHIFF NACH ARGENTINIEN AUS · **MAI 66** SCHWESTERN BEGINNEN IM NORDEN PAKISTANS IM HOSPITAL VON JHOKAN UND BRÜDER IM LEPRA-ASYL IN BALAKOT.

→ S 27

»Es fehlt heute nicht an guten Vorsätzen, Programmen und Konferenzen mit endlosen Diskussionen. Man hört schöne Philosophien und prächtige Gedanken über Gott. Viele wissen genau, was man tun müsste. Darüber aber wollen wir nicht unsere Meinung äußern oder gar streiten, sondern allein tun, was Jesus Christus gesagt hat, weil wir wissen, dass davon das Leben der Menschen abhängt.
Wir warten nicht bloß auf das, was kommen wird, sondern wir greifen in das Weltgeschehen ein, indem wir tun, was unser König Jesus Christus uns geboten hat. Und sein Gebot ist Liebe. Dabei erleben wir stets die wunderbare Gegenwart seiner Himmelsmacht und werden in einer Welt voll eiskalter Gleichgültigkeit und bitterstem Hass von Sieg zu Sieg geführt durch den Triumph der Liebe Gottes.« — BR. E. KLINGE UND BR. O. FRIEDRICH : 1963

»Zu Jugendveranstaltungen und Evangelisationen wurden wir auch in den vergangenen Monaten vielerorts wieder eingeladen. Meistens hatten wir unsere Musikkapelle dabei, die mit ihrer schwungvollen Musik besonders die Jugend erfreut hat. Von den Straßen, aus den Wirtschaften und Vergnügungslokalen kamen junge Menschen zahlreich in unsere Veranstaltungen, wofür wir unserem König Jesus Christus besonders dankbar sind.«
— CT-RUNDBRIEF : 1963

»Donnerschläge sind notwendig, um uns Schlafmützen aus dem Dornröschenschlaf zu reißen, und wohl dem, der den Mut hat aufzuwachen, ein Leidenschafts-Christ zu werden.«
— BR. BODO : 1966

»Die Brüder und Schwestern der Christusträger bleiben alle Glieder der Gemeinden, aus denen sie kommen. Wir gehören deshalb zu verschiedenen Kirchen, Freikirchen und Gemeinschaften. Für uns bedeuten verschiedene Konfessionen keine Trennung, sondern eine Bereicherung unseres geistlichen Lebens. Wir versuchen, mit allen Christen zusammenzuarbeiten, weil wir glauben und daran festhalten, dass in Jesus die Einheit unter Seinen Jüngern gegeben ist. Diese Einheit in Ihm befähigt zur Bruderschaft.« — RUNDBRIEF DER CT-SCHWESTERN : 1974

»Wir werden immer wieder gefragt, warum wir aus Slums Siedlungen machen, die Leprakranken pflegen und heilen, Waisen aufnehmen, Kranke, Verletzte und Flüchtlinge aus dem Krieg retten, Volksstämme lehren und ihre Seuchen heilen, den Bewohnern der Steppe Schulen, Krankenstationen und Bewässerung geben und allen, insbesondere der Jugend in Europa, das Evangelium Jesu Christi verkündigen, so dass viele zu neuen Menschen geboren werden. Wer so fragt, weicht der Herausforderung Gottes aus: Warum tust Du es nicht?«
— BR. E. KLINGE : 1972

OBEN KONGO / BR. ULI
UNTEN PAKISTAN / CT-SCHWESTERN IN MANGHOPIR 1964
LINKS CT-BRÜDER 1964

GOTT FÜR UNSERE BERUFUNG ZUM GEMEINSAMEN LEBEN SEI DANK :_

JESUS SCHICKTE SIE IMMER ZU ZWEIT IN DIE STÄDTE UND DÖRFER.

LUKAS 10,1

—

Der Jüngerkreis um Jesus war eine Gruppe mit vielfältigen Persönlichkeiten. Fasziniert von der Person und Botschaft Jesu vom Reich Gottes waren sie bereit, Vertrautes aufzugeben und Neues zu wagen. Berufen zum Leben in der Nachfolge wollen auch wir uns mit unserer ganzen Existenz auf Gott und einander einlassen.
Gemeinsam fragen wir nach dem Willen Gottes: im Hören auf die Heilige Schrift und in der Stille des Gebetes, aufmerksam gegenüber der Schwester und dem Bruder und offen für die Herausforderungen unserer Zeit.
Als Kommunität wollen wir die uns von Gott anvertrauten Aufgaben gemeinsam erfüllen. Dazu sind Bereitschaft und Verlässlichkeit des Einzelnen wichtige Voraussetzungen.
Die verbindliche Aufnahme erfolgt nach einer Probezeit und ist eine Zusage von beiden Seiten auf Lebenszeit. So wollen wir auch bei Krankheit und im Alter zueinander stehen und in Achtung des Einzelnen füreinander Sorge tragen. ¶

WEGE IN DIE GEMEINSCHAFT

In einem Gasthaus sprach Br. E. Klinge über die Berufung der Jünger Jesu, vorwiegend der Fischer. Er sagte: Gott hat die Welt nicht mit Schriftgelehrten umgekrempelt, sondern mit Fischern – und dann auch noch mit solchen, die so dumm waren, dass sie keine Fische gefangen hatten. Das schlug bei mir ein; denn ich dachte: Dümmer als diese Fischer kann ich auch nicht sein. Dann kann Gott also auch mich gebrauchen. Anschließend sprach Br. E. Klinge noch über Matthäus 19,21, die Begegnung von Jesus und dem reichen Jüngling: »*Willst du vollkommen sein, so verkaufe, was du hast und gib's den Armen, so wirst du einen Schatz im Himmel haben, und komm und folge mir nach.*« Genau das tat ich dann auch. — SR. MARIA : AUERBACH

Im Alter von 15/16 Jahren habe ich gebetet. »*Lieber Gott, wenn es Dich gibt, mach mir das jetzt bitte klar.*« Dies war das erste ernst gemeinte Gebet in meinem Leben.
Alle Diskussionen über Gott und alles Forschen nach Gott waren bis dahin erfolglos. Nach diesem Gebet hat Gott selbst mir die Gewissheit ins Herz gegeben, dass ich sein geliebtes Kind bin. Nach diesem »*Ja*« von Gott zu mir ließ ich mich taufen, um meinen Neuanfang mit Gott öffentlich festzumachen.
Dies war der erste radikale Schritt in der Nachfolge. Ein weiterer folgte im März 2006: Ich kündigte bei meiner Arbeitsstelle, einer Sparkasse. Ich wollte mich auf mein Noviziat {Probezeit} vorbereiten und dann Bruder werden. Heute bin ich davon überzeugt, dass ich Christ und letztlich Bruder geworden bin, weil Gott mich da hingezogen hat.
— BR. JENS : TRIEFENSTEIN

OBEN BR. JENS
UNTEN SR. MARIA

JAN 67 IN ARGENTINIEN ZIEHEN DIE SCHWESTERN IN DEN CHACO. AN MEHREREN ORTEN UNTERRICHTEN SIE IN SCHULEN UND BEHANDELN KRANKE · **JUNI 68** BEGINN EINES ZWEITEN SCHWESTERNHAUSES IN STARKHOLZBACH · **JUNI 68** GRÜNDUNG »CHRISTUSTRÄGER WAISENDIENST E.V.« · **JULI 68** SCHWESTERN FANGEN MIT DER ARBEIT IM LEPROSY HOSPITAL DER BRITISCHEN MISSION IN RAWALPINDI/PAKISTAN AN. → S 32

SR. CHRISTINA UND DIE BRASILIANISCHE SCHWESTER MARGARIDA (2007)

Obwohl ich in einer nicht-christlichen Familie aufgewachsen bin, machte ich immer wieder konkrete Erfahrungen der Existenz Gottes. Besonders als meine älteste Schwester Brigitte zu Jesus fand. Wie sie ihren Glauben lebte, beeindruckte mich. Andererseits fand ich ihr neues Leben langweilig und eintönig. Ich war jung und wollte etwas erleben und fand, der Glaube sei für die ältere Generation.
Da kam im Oktober 1962 die Kubakrise. Die Möglichkeit eines neuen Weltkrieges war nicht ausgeschlossen. Ich beschäftigte mich mit dem Tod. Wie und wo würde es für mich danach weitergehen?
In dieser Zeit fand in Eislingen eine Evangelisation mit Br. E. Klinge statt. Ich besuchte täglich die Versammlungen. Eines Abends erkannte ich, dass ich Jesus als meinen Retter brauche. Ich übergab Ihm mein Leben und beantwortete Jesu Frage:
»Das tat ich für dich. Was tust du für mich?« mit meiner gleichzeitigen Entscheidung, zu den CHRISTUSTRÄGERN zu gehen. Meine Schwester Brigitte traf an diesem Abend die gleiche Entscheidung. Wenige Wochen danach begann mein Abenteuer mit Gott.

— SR. CHRISTINA : AUERBACH

BR. GERD

Als Kind getauft und später konfirmiert ging ich danach auf Abstand zur Kirche. Meine Jugendzeit war geprägt von der Friedensbewegung. Mit meinem Leben wollte ich zur Verbesserung und zum Erhalt dieser Welt beitragen. Es war eine gute Zeit. Und doch kam in mir immer mehr die Frage nach dem tieferen Sinn meines Lebens hoch.
Mit 22 Jahren lernte ich junge Christen voller Engagement kennen. Sie erzählten mir von Jesus und ich spürte, dass der etwas mit meiner Frage nach Sinn und Ziel meines Lebens zu tun haben könnte. In mir wuchs das Verlangen, mehr von ihm zu erfahren. In vielen Berichten und Personen der Evangelien konnte ich mich wiederfinden; ich fühlte mich von Jesus auch geliebt und gerufen. So fasste ich den Entschluss, Jesus konsequent nachzufolgen.
Ich kam in Kontakt mit den Brüdern der CHRISTUSTRÄGER und ihrer Lebensform. Besonders jene Texte in den Evangelien sprachen mich an und provozierten mich, in denen Menschen durch Jesus von ihren Berufen und Familien weggerufen wurden, daraufhin alles zurückließen und ihm nachfolgten. So entschloss ich mich mit Mitte zwanzig in die Gemeinschaft einzutreten. — BR. GERD : TRIEFENSTEIN

OBEN SR. REGINA UND SR. DOROTHEE
UNTEN BR. DANIEL, BR.PETER UND BR. KURT

WEGE IN DIE GEMEINSCHAFT

Die Güte Gottes habe ich schon in der Familie erlebt, bei einer Konfirmandenfreizeit und bei internationalen Kontakten. Bei den »*Lord's Days*« der CTA-BRÜDER in Biel {Schweiz} entschied ich mich persönlich für ein Leben als Christ und suchte nach meinem Weg. Die Beziehung zu den Schwestern in Bensheim-Auerbach bereicherte mein Leben und ließ mich fragen, ob mein Weg zu den Schwestern führt. Mein Wunsch war es, in Radikalität und Gemeinschaft mein Christsein in unserer Welt zu leben.
Und warum auch nicht mit meiner »*Geburtsbehinderung*« und im Rollstuhl meinen ganzen Beitrag der Liebe und Hingabe leisten, als Antwort auf Gottes Liebe?
Im Oktober 1989 wurde ich Schwester. Ich wagte in Treue vor mir selbst und im Vertrauen auf Gottes Führung und Fürsorge den Schritt in einen spannenden Lebensabschnitt. Mein Leitwort dabei: »*Wir haben diesen Schatz in irdenen Gefäßen, damit die überschwängliche Kraft von Gott sei und nicht von uns.*« {2. Korinther 4,7} — SR. DOROTHEE, RÖDERMARK

Es geschah während eines Sprachaufenthaltes in England auf meinem Weg zum Entwicklungshelfer: Ich lernte Jesus kennen. Vieles aus seinem Reden und Leben bestätigte meine Ideale und baute sie auf. Während sich später herausstellte, dass »*die Welt verändern*« nicht ganz so einfach war, wurde mir dafür Jesus als der lebendige und auferstandene Christus immer wichtiger.
Nach einem Besuch in Taizé entschied ich mich für ein zölibatäres Leben in einer Gemeinschaft. Ich begann bei den CHRISTUSTRÄGERN 1979 als Gärtner in Auerbach und trug zuletzt die Verantwortung für das Brüderteam in Ralligen. Der Wunsch, die Welt zu verändern, war geblieben. So ließen mich die Brüder 2006 in den Kongo ziehen. Hier unterstützen wir die Bauern mit Know-how und guten Sorten an Maniok, Erdnüssen und Bohnen und helfen beim Anpflanzen einer neuen Generation von Ölpalmen, die nicht Konzernen, sondern den Bauern gehören.
Ich bin Gott dankbar für den Weg zum gemeinsamen Leben und den Brüdern für den Rahmen: Es ist ein Privileg, nicht auf einen Lohn angewiesen zu sein und sich doch gut versorgt zu wissen. — BR. KURT : VANGA · KONGO

WIE KANN EIN JUNGER MENSCH ERKENNEN, DASS AUCH ER ZU EINEM BRUDERSCHAFTLICHEN LEBEN BERUFEN IST?

Indem er sich traut, den ersten Schritt zu gehen.
— **BR. WERNER : RALLIGEN · SCHWEIZ**

In der persönlichen Begegnung mit Gott, in der Stille, im Hören. Anstöße zum Nachdenken über die eigene Berufung geben wir Schwestern und Brüder gerne – mit unserem Leben, in unserem Zeugnis, mit Ausstrahlung und Überzeugung.
— **SR. ANGELA : HERGERSHOF**

Ehrlich sein vor sich selbst, vor anderen und vor Gott. Fragen stellen und Antworten suchen: Beim Lesen in Gottes Wort, im Gespräch mit anderen oder auch mit einem Menschen des Vertrauens. Auf sein Herz hören und mutige Schritte im Vertrauen auf Gott gehen! — **SR. DAGMAR : KARACHI · PAKISTAN**

Er sollte Gott um Klarheit bitten, ihm vertrauen und dann dem nachgehen, was er im Inneren hört oder spürt, unabhängig davon, was die »*Umwelt*« darüber denken oder sagen mag. Indem er aber auch sich selbst und seine Motive prüft – vielleicht ist dazu eine Zeit der Stille, des Rückzugs von Äußerlichkeiten, des Loslassens von eigenen Plänen nötig. — **SR. SIBYLLE : RÖDERMARK**

Wenn du eine Sehnsucht verspürst und die länger anhält, dann mache dich auf den Weg. Sei nicht erstaunt, wenn sich Fragen häufen. Wenn du im Rückblick erkennen kannst, dass ein Segen auf dem Weg liegt, dann kannst du für dich hoffen, dass dies auch in Zukunft so sein wird und in/mit/unter dem eigenen Suchen Gott selber wirkt.
— **BR. THOMAS : VANGA · KONGO**

NOV 68 KAUF DER FINCA EL MANANTIAL/ARGENTINIEN; SPÄTER BRUNNENBOHRUNG, RODUNG UND AUFBAU EINER SIEDLUNG MIT SCHULE UND INTERNAT
MAI 69 SR. ANNI ABLER (CT-WAISENDIENST) ERÖFFNET IN KARACHI NACHEINANDER DREI HÄUSER FÜR WAISEN UND HALBWAISEN AUS SLUMGEBIETEN ·

DIE BASLER CT-BRÜDER MITTE DER SIEBZIGER JAHRE

Am besten ist, wenn Brüder oder Schwestern davon berichten, wie sie zur Schwestern- oder Bruderschaft gekommen sind, und das so rüberbringen, dass Sehnsucht geweckt wird.
Dann braucht es Offenheit und die Bereitschaft, auf Gott zu hören. Die Bereitschaft, eigene Pläne und Wünsche aufzugeben. Und die Ermutigung, einen Glaubensschritt zu wagen.
In unserer Zeit gehört vielleicht noch mehr Mut dazu als »*damals*« – Mut, sich ein Leben lang zu binden! — SR. CHRISTINE : KÜNZELSAU

Berufung ist sicher ein Geheimnis. In erster und letzter Linie eine Sache zwischen Gott und dem, der berufen wird oder eine Berufung sucht.
— BR. MARTIN : WILSDRUFF

Er muss nur fragend sein und mutig.
Den Rest tut Gott. — SR. VRENI : JUJUY · ARGENTINIEN

JUNI 69 EINIGE BRÜDER ZIEHEN VON PAKISTAN NACH AFGHANISTAN, UM VON JALRAIZ AUS EINEN DIENST FÜR LEPRAKRANKE AUFZUBAUEN.
DIE SCHWESTERN BEGINNEN NEBEN DER HOSPITALARBEIT MIT DER LEPRA-KONTROLLE IM NORDEN PAKISTANS. → S 40

GOTT FÜR UNSEREN AUFTRAG IN DER FERNE SEI DANK:_

DIE ERNTE IST GROSS, ABER ES GIBT NUR WENIGE ARBEITER. DESHALB BITTET DEN HERRN, DASS ER NOCH MEHR ARBEITER AUSSENDET, DIE SEINE ERNTE EINBRINGEN. LUKAS 10,2

—

In Jesus begegnet Gott uns Menschen als Bruder. Darum wollen wir Jesus nachfolgen und den Menschen Bruder werden, Nächster sein, nahe bleiben. Wir glauben, dass jeder Mensch von Gott wert geachtet ist, und wollen, dass unser Leben diese Überzeugung ausdrückt. Br. E. Klinge {einer unserer Gründer} legte uns besonders die Not der Armen in der sogenannten »*Dritten Welt*« ans Herz. Am 2. Mai 1963 flogen die Schwestern Waltraut und Hildegard nach Pakistan. Ihr Dienst begann in einem Slum in Karachi. Bald kamen andere Schwestern und Brüder nach. Jesu Wort in Matthäus 25 wies uns den Weg: *»Was ihr einem dieser meiner geringsten Brüder getan habt, das habt ihr mir getan.«*

Heute sind wir Schwestern und Brüder in Asien, Afrika und Lateinamerika aktiv, kümmern uns um Kranke und Arme, um Witwen und Waisen. Aus diesem Engagement heraus entstand auch der CHRISTUSTRÄGER-Waisendienst, der Patenschaften vermittelt für Kinder, die ohne Eltern oder in sozial schwachen Familien aufwachsen. Manche der Hilfs-Stationen, die wir im Laufe der Jahre aufgebaut haben, konnten wir inzwischen an einheimische Mitarbeiter übergeben. Wir freuen uns, wenn engagierte Christen das weiterführen, was Gott durch uns begonnen hat. ¶

OBEN ARGENTINIEN / JUJUY - SR. BABET
UNTEN IN DEN STRASSEN VON JUJUY

NOTIZEN VOM WEGRAND

»Wir möchten Menschen sein, von denen Ströme lebendigen Wassers fließen, Ströme der Liebe. Wir beide fangen an zu erfassen, was das bedeutet. Man möchte oft schon am Anfang Großes geschehen sehen, aber es fängt im Kleinen an, ganz einfach. Oh, wie freuen wir uns, dass wir hier in Pakistan sein dürfen! Wir glauben, dass wir die Menschen hier durch unser Leben, durch Liebe und Verstehen zu Jesus führen können.« — **SR. HILDEGARD UND SR. WALTRAUT : 1963**

»So sind wir eine Schar junger Brüder und Schwestern geworden, die von überall herkamen, um in unserer Zeit Christus zu allen Völkern zu tragen, damit die Ursache des Elends in Asien, Afrika und Südamerika beseitigt wird und alle Völker in unserer Zeit die Liebe Gottes erleben. Tatenlos können wir nicht zusehen, wie unter den armen Völkern einige hundert Millionen Menschen hungern und im Elend sterben, während die reichen Völker sich gegenseitig mit der Vernichtung drohen. Es ist herrlich, dass wir unser junges Leben hingeben können, um in der Kraft des Heiligen Geistes den in uns lebendigen Jesus in alle Völker zu tragen.«
— **CT-RUNDBRIEF : 1963**

»Die grausame Not der Leprakranken und das entsetzliche Schicksal ihrer Kinder ist eine wunderbare Gelegenheit für uns, die alles besiegende Liebesmacht Jesu Christi zu erweisen. Großes Verlangen schnell zu helfen brennt uns allen im Herzen, weil wir erkannt haben, wie einfach es ist, im Namen Jesu Christi Not, Leid, Trübsal und den Teufel zu besiegen.«
— **BR. O. FRIEDRICH UND BR. E. KLINGE : 1963**

»Nun bin ich in Pakistan und sehe, dass viel für Jesus zu tun ist. Fast jeder redet von Gott, aber sie wissen nichts von der alles umwandelnden Kraft Jesu und einem Leben in Seiner und des Vaters Gemeinschaft. So möchte ich ein Mensch sein, durch den Jesus Augen öffnen kann, damit viele unseren lebendigen und liebenden Vater im Himmel erkennen.« — **SR. WALTRAUT : 1964**

NOTIZEN VOM WEGRAND

»Vor zwei Monaten begannen wir Brüder unseren Dienst an den Ärmsten im Lepraasyl. Wir fanden ein Elend vor, wie wir es nie zuvor gesehen haben, ein Leid, wie es unmöglich ist zu beschreiben. Es ist eine Anklage gegen eine mitleid- und lieblose Welt, gegen Menschen, die von dem Elend wussten, aber ihre Blicke und ihr Herz abgewendet haben. Sie sind schuldig, denn sie ließen es dazu kommen, dass diese Ärmsten mit tiefen, eitrigen Wunden hilflos auf ihren Betten lagen, Finger und Zehen, Hände und Füße und teils das Augenlicht verloren und in großen Schmerzen, in Lumpen gekleidet, auf zerrissenen Matratzen dahinsiechten. Einzig und allein die Liebe Jesu war stark genug, um hier eine Wendung herbeizuführen.
Es ist eine Fülle von Liebesdiensten in unsere Hand gegeben, von früh bis spät. Mit besonderer Freude und Dankbarkeit dürfen wir zusehen, wie Wunden sich schließen. Aber Jesus heilt nicht nur die Wunden, Er heilt die Menschen von innen her. Auch das dürfen wir miterleben.«
— BR. ULI UND BR. UDO : 1966

»Vor nun eineinhalb Jahren kamen wir beiden deutschen Christusträger-Schwestern hierher in den Chaco {in Argentinien}, nachdem wir von der Not dieser Menschen hörten, die in ganz einfacher Weise leben. Die Liebe Jesu zog uns zu ihnen, und in seinem Namen begannen wir alles für sie zu tun, was uns möglich war. In den Augen der Menschen hatte dieses Beginnen wenig Aussicht, doch Gott hat Wunder getan!« — SR. BRUNHILDE UND SR. CHRISTINA : 1968

»In Vietnam setzen so viele Menschen alles ein, opfern willig sogar ihre Gesundheit und ihr Leben, um hasserfüllt einen Feind oder Unschuldige zu töten. Darum sucht Gott heute Menschen, die sich ganz hingeben, um mit seiner Liebe all die zu retten, die sonst sterben werden und nur so erfahren können, wie kostbar ihr Leben in Gottes Augen ist. Das Evangelium Jesu kommt nur dorthin, wo Christen es hintragen.« — DIE CT-BRÜDER IN VIETNAM : 1969

PAKISTAN / KARACHI SR. DIETLINDE

»Schon lange hatten wir von der Not ausgesetzter und verstoßener Kinder gehört. Besonders davon betroffen scheint der nördlichste Teil von Argentinien zu sein, die Provinz Jujuy. So begannen wir vor etwa eineinhalb Jahren den Plan zu verwirklichen, uns solcher Kinder anzunehmen.« — SR. BÄRBEL UND SR. BRIGITTE : 1978

»Vor meiner Rückkehr aus Jujuy nach Deutschland hatte die Gemeinde eine Abschiedsfeier vorbereitet. Nach der Bewirtung wurden wir Schwestern nach vorne gerufen und nebeneinander auf drei Stühlen platziert. Der Gemeindeleiter erklärte uns, dass sie uns aus Liebe und Dankbarkeit die Füße waschen möchten. Nacheinander wuschen uns viele, unter ihnen auch unsere größeren Heimkinder, die Füße und trockneten sie unter liebevollen Dankesworten und Tränen. So bekamen wir an diesem Abend mehr als zehn Mal hintereinander die Füße gewaschen.« — SR. BARBARA : 2009

»Seit kurzem ist eine junge Indonesierin bei uns, um einen diakonischen Einsatz zu machen. Bald wird eine zweite dazukommen. Wir glauben und beten, dass sich daraus eine indonesische Schwesternschaft bilden wird, und dass Gott noch mehr junge Menschen beruft, die ihr Leben ganz für ihn einsetzen. Wir hoffen, dass sie später die Aufgaben hier übernehmen können.« — SR. MARGRIT UND SR. CHRISTINE : 1979

AUF DEM WEG NACH KABUL

OKT 69 VIER BRÜDER ENGAGIEREN SICH IN TAM KY/VIETNAM IN EINER KINDERKLINIK · **1969** DIE MUSIKGRUPPEN DER BRÜDER ENTWICKELN SICH UND GEHEN ALS CTA (ROCK) UND CTB (FOLKLORE) MEHRMALS JÄHRLICH ZU FESTLICHEN EVANGELISATIONEN IN GEMEINDEN · **FEB 70** DREI SCHWESTERN FOLGEN EINEM RUF NACH INDONESIEN INS KRANKENHAUS MARDI RAHAYU IN KUDUS. → S 46

NOTIZEN VOM WEGRAND

»Idealismus allein genügt nicht in Afghanistan. Wir kennen eine ganze Reihe von Entwicklungshelfern und Experten, die voller Idealismus irgendeine Aufgabe in Afghanistan angepackt haben und deren Hoffnungen völlig zerbrochen wurden durch das Unvorhergesehene, die Andersartigkeit und die uns fremde Einstellung der Menschen.
Wenn wir nicht zur Gottesfamilie gehörten, würde es uns genauso ergehen wie es vielen ehemaligen Idealisten hier erging. Die Resignation würde sich auch unser bemächtigen! Nur die von Gott geschenkte Liebe vermag über alle Widerstände und Ärgernisse hinwegzublicken auf das Wesentlichste, sie befähigt zum Außergewöhnlichen und Außerordentlichen, das doch im Grunde das Selbstverständlichste und Normalste ist, was es im Reich des Vaters geben kann.«
— DIE CT-BRÜDER IN AFGHANISTAN : 1972

»Afghanistan ist in den westlichen Medien oft präsent. Neben die engagierten Diskussionen, wie es in diesem krisen- und kriegsgeschüttelten Land weitergehen soll, stellen wir unsere Erfahrungen. Als ein Zeichen der Güte Gottes, dass wir durch alle politischen Wechsel und Stürme hindurch über Jahrzehnte unter dem Schutz Gottes den Verlierern des großen Spiels der Mächtigen – nämlich den Armen – ein helfender Freund und Bruder sein konnten.
Wir haben keine großen Leistungen aufzuweisen, nur das zerbrechliche Vertrauen auf Gott. Aber wir haben seine mächtige Zusage: ›Ich bin bei euch alle Tage bis ans Ende der Welt!‹«
— BR. SCHORSCH : 2010

AFGHANISTAN / KABUL
LEBEN AN DER PUL-E-KHISCHTI (1993)

UNSERE STATIONEN IM AUSLAND

STAND 2011

PAKISTAN / KARACHI

Die Hafenstadt im Süden Pakistans ist mit ihren 18 Millionen Einwohnern die größte muslimische Stadt der Welt. Hier begann unser Einsatz im Ausland vor fast 50 Jahren.

In drei verschiedenen Heimen leben heute ca. 100 Kinder im Alter von 4 bis 22 Jahren bei uns. Einige sind Vollwaisen, die meisten anderen haben zumindest einen Elternteil verloren – alle stammen aus sehr armen christlichen Familien. Christen sind eine diskriminierte, Not leidende Minderheit in Pakistan. Unser Ziel ist es, sie auf ihrem Weg so zu begleiten, dass sie die Liebe Gottes in ihrem Leben erfahren und zu mündigen Christen heranwachsen können. Durch eine fundierte Schulbildung haben sie eine Chance für eine bessere Zukunft. In einem gesonderten »*Familienhilfe-Programm*« fördern wir mehrere Dutzend Witwen und ihre Kinder und ermöglichen diesen dadurch den regelmäßigen Schulbesuch.

PAKISTAN / RAWALPINDI

Drei unserer Schwestern leiten hier ein überregional wichtiges medizinisches Zentrum. Von hier aus werden Lepra, Tuberkulose und Blindheit in der Nordhälfte Pakistans bekämpft. Durch den Einsatz der Schwestern und ihrer zahlreichen einheimischen Mitarbeiter, durch wirksame Medikamente und gezielte Aufklärung hat das Stigma der Lepra in dieser Region abgenommen. Außerdem betreiben die Schwestern Augenabteilungen an mehreren Krankenhäusern.

Daneben erhalten rund 250 Kinder aus armen christlichen Familien Schul- und Berufsausbildung im Wohnheim »*Haus Emmanuel*« und in anderen Einrichtungen, und ihre bedürftigen Mütter werden unterstützt.

AFGHANISTAN / KABUL

Drei Brüder leiten hier ambulante Kliniken, ein Ausbildungszentrum und eine Werkstatt, die technische Einrichtungen der Krankenhäuser in Kabul repariert. In den Kliniken werden vor allem bitterarme Menschen behandelt, die sich keinen Arzt leisten könnten. Das Ausbildungszentrum hilft jungen Männern zu einer beruflichen Existenz, mit der sie sich und ihre Familien ernähren können. Weil die Brüder seit mehr als 40 Jahren in Afghanistan tätig sind, ist ihre Arbeit tief in der afghanischen Gesellschaft verwurzelt.

INDONESIEN / MARIKOI

Auf der Insel Borneo haben wir in einem Urwalddorf die Poliklinik »*Christopherus*« gegründet und sie ausgebaut zu einem staatlich anerkannten Gesundheitszentrum. Die häufigsten Krankheiten, die wir hier behandeln, sind Malaria, Tbc und Durchfälle. In einem Kindergarten betreuen wir etwa 50 Kinder. Außerdem arbeiten wir in der örtlichen Kirchengemeinde mit.

KONGO / VANGA

Am Fluss Kwilu, rund 350 Kilometer östlich der Hauptstadt Kinshasa, liegt das von amerikanischen Missionaren gegründete Hospital Vanga. Hier sind Brüder verantwortlich für die Kinderstation und die innere Medizin. Sie behandeln und unterstützen mittellose Patienten und unterrichten an der Krankenpflegeschule. Außerdem entwickeln sie gemeinsam mit einheimischen Mitarbeitern Ernährungsprogramme und bessere Methoden zum Anbau verschiedener Nahrungsmittel. Und sie schulen einheimische Pastoren und ehrenamtliche Mitarbeiter.

KONGO / VANGA BR.THOMAS

UNSERE STATIONEN IM AUSLAND

BRASILIEN / RIO BRANCO

Zwei deutsche Schwestern bauten im Norden Brasiliens eine orthopädische Schuhwerkstatt und eine Kindertagesstätte auf und engagierten sich in der Gemeindearbeit. Die Aufgaben wurden übergeben und die Schwestern kamen zurück nach Deutschland. Sie halten weiter Kontakt zu unserer brasilianischen Schwester Margarida, die in Rio Branco lebt und fest in die Gemeinde eingebunden ist.

ARGENTINIEN / JUJUY

Jujuy ist eine Stadt in den Anden mit fast 300.000 Einwohnern. Viele davon leben in Elendsvierteln, ihr Alltag ist geprägt von Armut, Gewalt und Kriminalität. In unserem Kinderheim »*Hogar del Sol*« {Sonnenheimat} leben von ihren Eltern verlassene und oft auch behinderte Kinder in vier Heim-Familien zusammen. In der Tagesstätte »*Arche Noah*« helfen wir etwa 110 besonders gefährdeten Kindern und ihren Familien.

Die von Schwestern gegründete Missionsstation »*El Manantial*« im Chaco-Gebiet wird heute von einheimischen Mitarbeitern weitergeführt.

MÄRZ 71 DIE SCHWESTERN GRÜNDEN IN STARKHOLZBACH EINE BAND UND SIND MIT IHR WÄHREND DER NÄCHSTEN 20 JAHRE IN GEMEINDEN UNTERWEGS
DEZ 71 ZWEI SCHWESTERN BEGINNEN IN LAS TORTUGAS/ARGENTINIEN MIT KRANKENBEHANDLUNG UND UNTERRICHT · **APRIL 72** BRÜDER DER CTA ZIEHEN NACH BASEL/SCHWEIZ, ARBEITEN DORT IN IHREN BERUFEN UND ENGAGIEREN SICH IN JUGENDARBEIT UND EVANGELISATION.

INDONESIEN / MARIKOI WASSERWEGE

NOV 72 ANKUNFT DER SCHWESTERN IN RIO BRANCO/BRASILIEN; EINSTIEG IN LEPRAKONTROLLE · **MAI 73** VEREINSGRÜNDUNG »CHRISTUSTRÄGER-SOZIALWERK E.V.« IN AUERBACH FÜR ALTENARBEIT, SPÄTER EINZUG INS ALTENPFLEGEHEIM »MORIJA« IN ALSBACH · **NOV 74** VIER SCHWESTERN STARTEN MIT DEM AUFBAU EINER CHIRURGISCHEN ABTEILUNG IM REGIERUNGSKRANKENHAUS DER STADT PALANGKA RAYA/INDONESIEN. → S 58

BIS AN DIE ENDEN DER ERDE

OBEN LINKS ARGENTINIEN / JUJUY - DIE KINDERTAGESSTÄTTE ARCHE NOAH **OBEN RECHTS** INDONESIEN / MARIKOI - SR. LYDIA, SR. YASNA UND SR. ANNE **UNTEN LINKS** PAKISTAN / RAWALPINDI – SR. ANNETTE UND SR. KATRIN **UNTEN RECHTS** VIETNAM / TAM KY – MEDIZINISCHE ARBEIT UND BEGLEITUNG JUGENDLICHER DURCH DIE BRÜDER (1969–1975)

OBEN BENSHEIM-AUERBACH / VON DER KAPELLE »ZUR NOT GOTTES« AUS WURDEN DIE ERSTEN SCHWESTERN UND BRÜDER INS AUSLAND AUSGESANDT **UNTEN LINKS** ARGENTINIEN / EL MANANTIAL - BESUCH VON BR. UND SR. KLINGE BEI DEN SCHWESTERN (1981) **UNTEN RECHTS** AFGHANISTAN / KABUL - BR. SCHORSCH IM GESPRÄCH MIT DEN »KLEINEN SCHWESTERN JESU«

GOTT FÜR UNSEREN AUFTRAG IN DER NÄHE SEI DANK :_

CHRISTUS, DER HERR, SOLL DER MITTELPUNKT EURES LEBENS SEIN. SEID IMMER DAZU BEREIT, DENEN REDE UND ANTWORT ZU STEHEN, DIE EUCH NACH EUREM GLAUBEN UND EURER HOFFNUNG FRAGEN.

1. PETRUS 3,15

Das Evangelium von Jesus Christus glaubwürdig leben und es auch auf vielfältige Art und Weise weitergeben – das ist unser wichtigstes gemeinsames Ziel. Wir tun das in unseren Stationen in Europa auf sehr unterschiedliche Weise: Wir gehen in kleinen Teams zu Gottesdiensten, evangelistischen Veranstaltungen oder Bibelwochen in Gemeinden. Wir öffnen unsere Gemeinschaft und Häuser für Gäste und Mitlebende, und wir laden zu Freizeiten, Stillen Tagen und Gottesdiensten ein. Wir bauen gemeinsam mit jungen Leuten aus schwierigen Verhältnissen ein ehemaliges Rittergut aus und wollen ihnen dabei christliche Werte und demokratische Fähigkeiten mit auf den Lebensweg geben. Wir betreuen alte und pflegebedürftige Menschen und unterstützen auf diese Weise sie und ihre Angehörigen. ¶

»Bei aller Mission im Ausland sind unsere erfolgreichsten Missionsstationen doch in Deutschland und in der Schweiz. Viel geschieht ja durch den meist abendlichen Einsatz unserer Brüder und Schwestern bei Veranstaltungen, vorwiegend für die Jugend. Wer hätte gedacht, was für ein unübersehbar reicher Segen für unzählige, meist junge Menschen daraus geworden ist? Man kann Jesus nie überschätzen!
Wer hätte gedacht, dass gerade heute noch junge Schwestern sich aufopfern, um Menschen, die total pflegebedürftig und geistig weitgehend eingeschränkt sind, zu einem so lebenswert wie irgend möglichen Dasein zu verhelfen bis zum Tod?« — BR. E. KLINGE : 1980

So wollen wir innerhalb und außerhalb unserer Häuser Räume schaffen und gestalten, in denen Menschen Christus begegnen können und in denen Christus Menschen begegnet. Mit unserer Phantasie und Lebenskraft suchen wir Mittel und Wege, unseren Auftrag zeitgemäß zu erfüllen. ¶

UNSERE HÄUSER IN DER NÄHE

STAND 2011

WILSDRUFF BR. MARTIN MIT EINEM MITARBEITER DER STIFTUNG

WILSDRUFF / SACHSEN

Wie können junge Leute ohne Perspektive und Langzeitarbeitslose wieder Boden unter die Füße und Rückhalt für ihr Leben bekommen, ein Gespür für sich und ihr Leben entwickeln, bei der Arbeit Erfolge erleben und sich dann auch selbst Ziele setzen und sie verfolgen? Und all das gerade im Osten Deutschlands, wo die Spuren des erklärten Atheismus deutlich, Arbeitsstellen und Ausbildungsplätze hingegen Mangelware sind? Als Antwort auf diese brennenden Fragen arbeiten Brüder bei der Stiftung *»Leben und Arbeit«* mit, die von der evangelischen Kirche, der Kommune Wilsdruff und befreundeten Unternehmern der Bruderschaft gegründet und durch die Europäische Union und vom Freistaat Sachsen gefördert wird.

Hier bekommen Jugendliche und junge Erwachsene eine Chance. Ziel ist es, den teilweise benachteiligten, behinderten oder straffällig gewordenen Jugendlichen eine Perspektive, auf dem Hintergrund christlicher Grundwerte und dem Bewusstsein einer persönlichen Mitverantwortung, zu bieten und sie in einem selbständigen, gewaltfreien und toleranten Leben zu bestärken.

RÖDERMARK SR. DAGMAR MIT EINEM HAUSBEWOHNER

RÖDERMARK / HESSEN

»Weil wir Gott bedingungslos zur Verfügung stehen, und er uns immer mehr am Bau seines Reiches beteiligen will, zeigte er uns die große Not, die überall in Deutschland unter alten, pflegebedürftigen Menschen herrscht. Deshalb bereiten wir uns seit einiger Zeit darauf vor, ein Heim für solche Menschen zu schaffen.« — RUNDBRIEF DER CT-SCHWESTERN : 1973

Heute führen 11 Schwestern mit 120 MitarbeiterInnen das Altenzentrum »*Morija/Mamre*«. Es umfasst Dauerpflege, Kurzzeit- und Tagespflege sowie 30 Betreute Wohnungen. Gemeinsam wollen wir jedem uns anvertrauten Menschen deutlich machen, dass sein Leben einen unschätzbaren Wert hat, weil es von Gott geliebt ist.
Trotz enger werdender finanzieller Mittel wollen wir eine auf Gott bezogene und aus diesem Grund menschenwürdige Pflege und Betreuung leisten. Es ist unser Ziel, einen professionell hochstehenden und innovativen Standard in Pflege und Betreuung anzubieten. Wir sehen es als Vorrecht an, dies in Gemeinschaft tun zu können.

GUT RALLIGEN / SCHWEIZ GÄSTEHAUS DER BRUDERSCHAFT IM BERNER OBERLAND

RALLIGEN / SCHWEIZ

»Unsere ›Predigt‹ entspricht selten höherer Theologie; wir versuchen einfach, die verschiedenen Seiten des Christseins aus der Sicht des Praktikers zu erklären.« — BR. GUSTAV : 1979 (EBENSO 2011)

Gemeinde- und Familienfreizeiten, Retraiten und Mitarbeitertagungen – und das alles in der einzigartig schönen Landschaft zwischen dem Thunersee und den Bergen des Berner Oberlandes. Ralligen wird gerne von Gemeinden und Gruppen besucht, die neue Freunde einladen möchten. Beim Erleben der reizvollen und imposanten Umgebung kann sich die Seele entspannen und für die Botschaft des Evangeliums offen werden. Darum sind unsere Brüder bestrebt, die Tage in Ralligen für unsere Gäste so zu gestalten, dass sie der Erholung dienen und der Einkehr bei Gott, der Quelle allen Lebens.

UNSERE HÄUSER IN DER NÄHE

HERGERSHOF / BADEN-WÜRTTEMBERG

In der Nähe von Schwäbisch Hall leben neun Schwestern auf einem früheren Bauernhof. Hier finden etwa 35 Gäste Platz. Sie sind eingeladen zu Stillen Tagen, zu Freizeiten und auch zum Erleben eines »*Klosters auf Zeit*«. Einmal im Monat werden außerdem Offene Abende angeboten mit Referaten zu verschiedenen Themen.
Von Hergershof aus sind einige Schwestern auch unterwegs, um Gottesdienste zu gestalten und bei Frühstückstreffen für Frauen oder Gemeindeveranstaltungen mitzuwirken.
Seit 2006 gibt es einen sogenannten »*Tertiär-Zweig*« der Schwesternschaft. Alleinstehende Frauen, zu denen schon längere Zeit Verbindung besteht, unterstützen ihren Möglichkeiten entsprechend die verschiedenen Dienste der Gemeinschaft. Sie leben und arbeiten weiter in ihrem Umfeld und ihren Berufen.

»Wichtig ist uns, jeden Tag gemeinsam mit dem Austausch über einen Bibeltext zu beginnen. Wir wollen unser Leben an Jesus ausrichten und uns von ihm gestalten lassen. Als von Gott gewollte und geliebte Menschen möchten wir unsere Berufung verantwortlich leben und uns mit unseren Gaben einbringen.« — SR. ASTRID : 2007

BENSHEIM-AUERBACH / HESSEN

Das Schwesternhaus in Auerbach besteht seit Gründung unserer Gemeinschaft. Heute leben hier fünf Schwestern. Sie betreiben ein familiäres Gästehaus mit fünf Zimmern. Hierher laden sie ein zu Oasentagen, themenorientierten Wochenendtagungen und Zeiten der persönlichen Stille. Außerdem arbeiten die Schwestern ehrenamtlich in der örtlichen Kirchengemeinde mit.

KÜNZELSAU SR. BARBARA UND SR. WALTRAUT

AUERBACH SR. ADELHEID, SR. GISELA, SR. HEIDRUN UND SR. MARIA

HERGERSHOF SR. CONNY

KÜNZELSAU / BADEN-WÜRTTEMBERG

Nach jahrzehntelanger Pionierarbeit in Asien und Südamerika sind einige unserer Schwestern in den letzten Jahren zurück in die längst fremde Heimat Deutschland gekommen. Jetzt heißt es loslassen, neu anfangen, als Schwesterngemeinschaft neu zusammenfinden.

»Während unseres langjährigen Aufenthalts in Ländern der sogenannten »Dritten Welt« haben wir uns bemüht, die Kultur des jeweiligen Landes zu verstehen und uns einzugliedern. Nun müssen wir uns erneut umstellen: Da ist z.B. die Nüchternheit und Sachlichkeit der Europäer. Aber da ist auch das Eintauchen in den großen Reichtum der deutschen Kultur. Auch bei der Sprache heißt es, sich umzustellen. Immer wieder klingen spanische oder portugiesische Ausdrücke in einem Gespräch durch, und manchmal fehlen uns sogar die deutschen Begriffe. Wie gut, dass wir Schwestern einander Hilfestellung geben und auch gemeinsam über einen »Ausrutscher« lachen können. War früher unsere Zeit randvoll mit Arbeit, Gesprächen, schwierigen Aufgaben und Entscheidungen, so sind jetzt die Tage ruhiger geworden. Unsere physischen Kräfte haben nachgelassen und es heißt, die eigene Schwäche und Begrenztheit anzunehmen und als gute Haushalter damit umzugehen.
Wir besinnen uns auf das Wichtigste und Wertvollste, auf die Quelle unseres Seins. Im Gebet erwidern wir die tiefe Liebe und Treue unseres Gottes mit der Hingabe unseres Lebens. Auch Fürbitte nimmt einen breiten Raum in unserem Tagesablauf ein.« — SR. HELGA : KÜNZELSAU

TRIEFENSTEIN BESUCHER BEIM TRIEFENSTEINTAG

APRIL 75 ZUSAMMENBRUCH VON SÜDVIETNAM. DIE BRÜDER MÜSSEN IHRE ARBEIT IN TAM KY AUFGEBEN UND DAS LAND VERLASSEN · **SEP 75** ERÖFFNUNG DES KINDERHEIMS »MORIA« IN RIO BRANCO/BRASILIEN, SPÄTER ABGELÖST DURCH EINE KINDERTAGESSTÄTTE · **JAN 1976** DIE BRÜDER DES VIETNAM-TEAMS WERDEN VERSTÄRKT UND NACH KINSHASA/KONGO IN DEN MEDIZINISCHEN DIENST EINER EINHEIMISCHEN KIRCHE AUSGESANDT. → S 68

TRIEFENSTEIN / BAYERN

»Die Menschen sind sehr offen für die wichtigsten Fragen im Leben, für das Evangelium. Man muss es ihnen nur ins Heute übersetzen und glaubhaft und ohne Abstriche vorleben.«

— BR. BODO : 1975

Das Kloster am Main hat eine lange Geschichte des Betens und Arbeitens: Schon im 12. Jahrhundert wurde hier ein Augustiner Chorherren-Stift gegründet, in dem Brüder das Chorgebet pflegten und ihrem Seelsorgeauftrag nachgingen. Wie damals sollen auch heute unsere Häuser Raum für Gäste bieten. Etwa ein Dutzend Brüder wohnen mit bis zu neunzig Gästen unter einem Dach und teilen Stundengebet und Mahlzeiten mit ihnen. Das Haus wird von Gemeinden und Gruppen angefragt, zu denen in der Regel noch einzelne Gäste und Familien hinzukommen können. Auch das Angebot, hinter Klostermauern Stille Tage zu erleben und Gott zu begegnen, wird rege genutzt. Die großzügige Anlage bietet zudem Raum und Gelegenheit, das Leben der Brüder als Mitarbeiter zu teilen, für ein paar Tage, Wochen oder Monate. In Zusammenarbeit mit den örtlichen Kirchengemeinden und Mitarbeitern laden wir regelmäßig ein zu ökumenischen Gottesdiensten.

Von Triefenstein aus startet die Musikgruppe *»ct & friends«* zu missionarischen Einsätzen in Gemeinden. Auch das Projekt *»geh und sieh«* hat hier sein Zentrum: Dabei besuchen Menschen mit einem missionarischen Anliegen Gemeinden, die sich über solche Unterstützung freuen. Auch hier sind Brüder und Freunde gemeinsam unterwegs.

WELCHE MENSCHEN LIEGEN DIR BESONDERS AM HERZEN?

Menschen, die nach dem Glauben fragen, aber den Zugang nicht finden, die nach Orientierung suchen – auch wenn sie es manchmal selbst gar nicht wissen. — BR. CHRISTIAN : TRIEFENSTEIN

Es reizt mich, den Fragen und den Themen der Menschen zu begegnen, die Jesus nicht kennen – vor allem den Fragen und Themen junger Menschen, die in Übergangsschwierigkeiten stecken.
— BR. MARTIN : WILSDRUFF

Alte Menschen und Kinder. Einfach alle, die in irgendeiner Weise schwach oder benachteiligt sind.
— SR. HILDEGARD : KÜNZELSAU

Schwerstpflegebedürftige Menschen, die sich nicht mehr selbst äußern können, weil sie eingeschränkt sind nach Stimme oder Geist. — SR. DOROTHEA : RÖDERMARK

Ich habe keine besondere Zielgruppe im Auge. Ich würde mir wünschen, dass ich allen Menschen als glaubwürdiger Christ begegnen könnte.
— BR. UWE : TRIEFENSTEIN

Frauen, die ich als »*müde*« erlebe, z.B. bei Frauen-Freizeiten oder Oasentagen. Diese Frauen möchte ich ermutigen und stärken für ihren Alltag.
— SR. ANGELA : HERGERSHOF

Die Menschen, denen ich in meinem beruflichen Umfeld begegne, das sind zur Zeit Langzeitarbeitslose im Osten Deutschlands. — BR. JÖRG : WILSDRUFF

Menschen, die mir in meinem Alltag begegnen und die Jesus nicht kennen, aber auch Mitarbeiter in Gemeinden, die Stärkung brauchen.
— SR. SIGRID : HERGERSHOF

Junge und alte Menschen, die in unsere Häuser kommen. Außerdem meine Helfer in der Küche, die bei uns ihren Zivildienst oder ihr Freiwilliges Soziales Jahr leisten. — BR. HELMUT : TRIEFENSTEIN

Die Unfertigen, Suchenden, Träumenden, »*Schrägen*« etc. Und die Menschen mit einer Sehnsucht nach Leben im Herzen! — SR. HEIDRUN : AUERBACH

LINKS WILSDRUFF / FENSTERGITTER IM RITTERGUT LIMBACH
RECHTS TRIEFENSTEIN / BR. CHRISTIAN MIT GÄSTEN

KAPITEL 06

GOTT
FÜR UNSERE ERFAHRUNGEN MIT CHRISTUS DER UNS TRÄGT
SEI DANK :_

ICH BIN DER WEINSTOCK, IHR SEID DIE REBEN. WER IN MIR BLEIBT UND ICH IN IHM, DER BRINGT VIEL FRUCHT; DENN OHNE MICH KÖNNT IHR NICHTS TUN. JOHANNES 15,5

—

Grundlegend für unsere Bruderschaft ist der Glaube an den dreieinigen Gott. Wir glauben, dass Jesus Christus in uns lebt. Ihn wollen wir unter die Menschen tragen. Je länger wir mit ihm leben, desto tiefer erfassen wir: *Er trägt uns.*

Bei all unserer Aktivität als CHRISTUSTRÄGER gilt: Aktiv ist CHRISTUS. Im Wachstum und Gelingen wie auch in Erfahrungen des Misslingens und Zerbruchs ist er uns nahe. Er lebt in uns, und wir sind von ihm getragen, von innen getragen – CHRISTUSTRÄGER. ¶

KOSTPROBEN AUS DEM LEBEN ALS BRUDER / SCHWESTER

Alles Gute, Schöne und Wesentliche meines Lebens verdanke ich Jesus Christus:
Die Berufung zum Arztsein und in die Bruderschaft, die einzigartige Gemeinschaft meiner Brüder, ohne deren Verständnis und Hilfe ich meine Arbeit in Vanga längst hätte aufgeben müssen; tiefe, lebenslange Freundschaften; die Vielfalt, Weite und Einheit der weltweiten Kirche; die Liebe zu ihr; die Liebe zu Israel; brüderliche, schwesterliche Begegnungen mit pakistanischen, vietnamesischen, kongolesischen, amerikanischen, britischen, burmesischen, ägyptischen, indischen und anderen Christen unterschiedlicher Konfession. Im Alter von über siebzig Jahren darf ich mit Überzeugung sagen, dass es kein besseres, schöneres und sinnvolleres Leben gibt als das der Nachfolge Christi.
— BR. REINHART : VANGA · KONGO

Ich bin eher schüchtern, und ein Graus war es mir früher zu telefonieren, mit dem Auto zu fahren und auf Ämter zu gehen. Als ich nach Argentinien kam, wusste ich schon, dass Gott mich in Vielem herausfordern wird. Und tatsächlich musste ich bald viel telefonieren – *und das auch noch auf Spanisch*, Auto fahren in unserem chaotischen Verkehr, wo keiner die Regeln kennt oder einhält. Außerdem stehe oder sitze ich stundenlang auf den Ämtern und erlebe, dass es auch dort manchmal nette Menschen gibt. Wäre ich nicht in der Schwesternschaft, hätte ich vieles nicht gelernt, hätte ich nicht erlebt wie Gott hilft, wie er mich verändert und meine Ängste wegnimmt. — SR. BABET : JUJUY · ARGENTINIEN

OBEN BR. MARKUS MIT MITLEBENDEN IN DER OSTERNACHT IN TRIEFENSTEIN
UNTEN LINKS SR. BABET, SR. ULRIKE UND SR. VRENI
UNTEN RECHTS BR. REINHART

SR. HEIDRUN, SR. ANGELA, SR. HELENE UND SR. SIGRID

Wir waren stolze Besitzer eines Kuhstalles – kombiniert mit Schweinestall. Damit der einmal unser Gästehaus werden konnte, musste zunächst alles heraus: Tränkebecken, Abflussgräben usw. Alles war gut betoniert. Mit unseren Spitzhacken kamen wir nicht vorwärts. Irgendwann hatte uns ein Firmenbesitzer erzählt, dass er Sprengmeister gewesen sei. Er hatte hinzugefügt, dass wir bei Bedarf auf ihn zurückkommen dürften. Aber wann braucht ein normaler Mensch einen Sprengmeister? Jetzt fiel er uns wieder ein. Wir fragten ihn. Er machte seinen Großhandel für vier Tage dicht und rückte mit seiner gesamten Mannschaft an.
Für diese Zeit lieh uns ein Bekannter seinen Kompressor mit Presslufthammer aus. Unsere Freunde machten damit alles locker. Wir hatten am Schluss ›nur‹ 20 Anhänger voll Steinbrocken zu entsorgen. – SR. ANGELA : HERGERSHOF

SR. WANDA 1964

Es war im Herbst, eigentlich Regenzeit, aber es gab keinen Tropfen Regen. Da dadurch der Mais und auch das Gras fast eingetrocknet waren, bedeutete das Hunger für Menschen und Vieh. In der Moschee wurde schon ununterbrochen um Regen gebetet – ohne Erfolg. Danach haben alle Männer sich in der sengenden Hitze auf den Feldern versammelt und täglich etwa zwei Stunden um Regen gebetet. Nach zehn Tagen wurde auch das aufgegeben – ohne Erfolg. An einem Tag kam dann unser Mitarbeiter, einer der Dorfvorsteher, und sagte: *»Gott hört uns nicht, jetzt müsst ihr beten!«* Dass wir nun um Regen beten, sagte er auch in der Moschee und den umliegenden Dörfern an. Nun ging es um die Ehre Jesu. Gott erhörte unsere Gebete, und am zweiten Tag regnete es die ganze Nacht hindurch in Strömen und danach immer wieder. Dies möchten wir täglich neu: Jesu Macht den Menschen veranschaulichen, sein Leben, seine Liebe vorleben.

— SR. WANDA : 1968 · HEUTE KÜNZELSAU · FRÜHER PAKISTAN UND INDONESIEN

OBEN SR. CHRIS IN BALAKOT
UNTEN BR. JAC

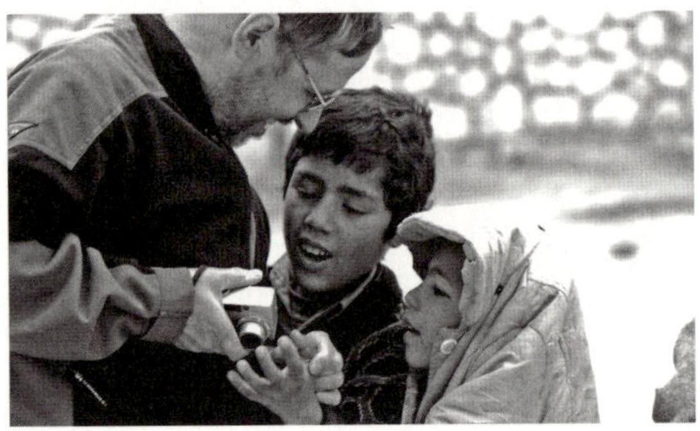

APRIL 1976 GRÜNDUNG DES VEREINS »CHRISTUSTRÄGER COMMUNITÄT SCHWEIZ«. KAUF UND AUSBAU VON »GUT RALLIGEN« ZUM GÄSTEHAUS DER BRUDERSCHAFT · **JUNI 76** KAUF EINES BAUERNHOFES IN HERGERSHOF; UMBAU IN EIN SCHWESTERN- UND EIN GÄSTEHAUS; UMZUG DER SCHWESTERN VON STARKHOLZBACH NACH HERGERSHOF. → S 85

KOSTPROBEN AUS DEM LEBEN ALS BRUDER / SCHWESTER

Am Abend des schweren Erdbebens vom 8.10.2005 erreichte uns ein verzweifelter Hilferuf, dass es im total zerstörten Balakot so viele Verletzte gebe, um die sich niemand kümmert. Sofort waren wir Schwestern uns einig, dass Sr. Adelheid und ich mit Mitarbeitern noch in der Nacht dorthin fahren, um {wenn möglich} zu helfen.
Erst am nächsten Morgen konnten wir den Ort erreichen. Es war ein unvergessliches Bild des Grauens. Aber Gott hat durch unseren Einsatz Wunder getan. Wir Christen waren die ersten, die diesem rein muslimischen Ort medizinische Hilfe brachten.
Mich persönlich hat noch bewegt, dass ich erst zwei Tage vor dem Erdbeben von Balakot nach Rawalpindi zurückgefahren war. Unser Haus in Balakot aber war inzwischen - wie fast alle anderen Häuser dort auch – in sich zusammengestürzt. Wenn das Erdbeben nur zwei Tage früher gewesen wäre, wäre ich vielleicht nicht mehr unter den Lebenden…
— SR. CHRIS : RAWALPINDI · PAKISTAN

Schon als Junge fühlte ich mich in einer christlich orientierten Gemeinschaft wohl und angenommen. Das Wissen um einen gemeinsamen Vater im Himmel, der auch für mein Leben unbeschränkte Möglichkeiten sieht, beflügelte mich und machte mein Leben spannend bis zum heutigen Tage.
Beeindruckt von vielen Freunden habe ich mit ungefähr 13 Jahren zu diesem Vater gesagt: *»Ich will dir mit meinem Leben verfügbar sein, aber bitte zeige mir den Platz, wo und wie ich dir zur Verfügung stehen kann.«* Er hat mein Ansinnen ernst genommen und mich 1971 zu den Brüdern und 1980 nach Kabul geschickt. Dort bin ich bis zum heutigen Tage, und ich bin wirklich gerne hier.
In all den blutigen Kriegsjahren in und um die Hauptstadt Kabul habe ich meist als Krankenpfleger in einem Hospital die Kranken und Verwundeten gepflegt. Nun leite ich schon einige Jahre eine Tagesklinik für Tuberkulose-, Epilepsie- und chronisch Kranke. Es war nicht immer leicht. Aber durch all die Jahre ist Gottes Fürsorge wie ein roter Faden in meinem Leben zu erkennen. Er meinte es immer gut mit mir, wenn ich es auch nicht immer gleich so verstanden habe. — BR. JAC : KABUL · AFGHANISTAN

KOSTPROBEN AUS DEM LEBEN ALS BRUDER / SCHWESTER

1970 kamen zwei europäische Hippies zu uns nach Pakistan. Einer von ihnen ließ sich durch unser Leben mit Christus herausfordern. Er fing an, die Bibel zu lesen und fand zu Gott. Dann brachte er auch andere junge Leute, die er früher zu Drogen verführt hatte, zu Gott. Etliche Jahre arbeitete er sogar bei uns mit.
Dann setzte er sich {unabhängig von uns} für pakistanische Christen ein und eröffnete christliche Schulen und Internate, in die wir seit diesem Jahr etliche Kinder aus unseren Einrichtungen schicken können. Gott ist zum Staunen! — SR. ADELHEID : AUERBACH

Eine alte Dame fragt mich bei einem Krankenbesuch in Meißen, warum ich nicht geheiratet hätte, ob mir nie die ›Große Liebe‹ begegnet wäre. Sie war erstaunt, dass es so etwas heutzutage noch gibt. Mit Verwunderung stellte sie fest, dass ich nicht unglücklich wirke. Ich bin es tatsächlich nicht.
Um es kurz zu machen: Ich hatte nie vor, in ein Kloster einzutreten. Eine Familie und Kinder hätte ich mir vorstellen können. Mit etwa 17 Jahren aber habe ich gesagt: *»Weil Jesus den Überblick hat, weiß er auch, wer zu mir passt. Das möge er mir deutlich machen, wenn es an der Zeit ist.«* Sicher, manches fromme Mädchen hätte mir schon gefallen, aber ich wollte nicht vertragsbrüchig werden und erwartete klare Weisung.
Die kam dann aber ganz anders als erwartet: Durch die Begegnung mit den CHRISTUSTRÄGER-Brüdern: Verfügbar sein für Gott in dieser mir bisher unbekannten Lebensform, das leuchtete mir auf und ein. Und so habe ich eine eindeutige Berufung erkannt und mich in ein Abenteuer begeben, dessen Ende noch nicht abzusehen ist.
Unsicher bin ich mir nie geworden, auch nicht in den Krisen, die mitunter ganz schön heftig waren. Was vor 40 Jahren mein Wunsch und Wille war, ist es auch heute noch: Für Jesus verfügbar bleiben aus Dankbarkeit und aus Liebe. Da bin ich noch lange nicht am Ziel, aber auf dem Weg. — BR. SIEGBERT : KABUL · AFGHANISTAN

OBEN SR. ADELHEID
UNTEN BR. SIEGBERT

GOTT FÜR MUT MACHENDE WORTE UND PRÄGENDE GESTALTEN SEI DANK :_

DAS GRAS VERDORRT, DIE BLUMEN VERWELKEN, ABER DAS WORT UNSERES GOTTES BLEIBT GÜLTIG FÜR IMMER UND EWIG. JESAJA 40,8

Die Bibel als Wort Gottes spielt eine wichtige Rolle in unserer Gemeinschaft. Sie ist uns Richtschnur und gibt uns Orientierung. Wir wollen sehr genau auf das hören, was Gott uns darin sagt. Unser Alltag wird deshalb bewusst mit einer Andacht begonnen oder regelmäßig durch Tagzeitengebete unterbrochen, in denen wir auf einen Bibelabschnitt hören und gemeinsam einen Psalm beten. In Bibelarbeiten und Predigten beschäftigen wir uns als Gemeinschaft oder zusammen mit unseren Gästen mit dem Wort Gottes. Aber auch jede und jeder für sich alleine nimmt sich Zeit für das Studium der Bibel, z.B. morgens vor der Arbeit, bei Stillen Tagen oder Exerzitien.
Wie die Bibel, so gehört auch das Gespräch mit Gott zu den Grundpfeilern unseres Lebens. Gemeinsam und jeder für sich wenden wir uns mit unseren Anliegen an Gott, loben ihn von Herzen, sprechen unseren Dank, aber auch unsere Fragen und Zweifel offen vor ihm aus.

Im Laufe der Jahre sind uns einige von anderen formulierte Gebete immer mehr ans Herz gewachsen, weil sie gut ausdrücken, was wir Gott sagen wollen und wir diese Worte deshalb gerne ganz bewusst zu unseren Gebeten machen: Das Vaterunser-Gebet und viele Psalmen gehören dazu. Aber auch einige Gebete aus der Kirchengeschichte. Auf der Suche nach der möglichst praktischen, schlichten Verwirklichung der Nachfolge Jesu für unser Leben entdeckten wir bald die große Zahl der Männer und Frauen vor uns, die nicht ihr Leben, sondern Jesus und ihren Nächsten über alles liebten. Durch ihr Vorbild wurde unser Leben bereichert. Und wir finden auch immer wieder solche Menschen in unserer Zeit. ¶

BIBELVERSE UND GEBETE DIE UNS WICHTIG GEWORDEN SIND

Besonders wertvoll ist für mich das Bekenntnis des Petrus: »Da antwortete Simon Petrus: ›Herr, wohin sollen wir gehen? Du hast Worte des ewigen Lebens; und wir haben geglaubt und erkannt: Du bist der Heilige Gottes.‹ « {Johannes 6,68} Petrus weiß keinen besseren Ort als bei Jesus zu sein, er ist angekommen am Ziel seines Lebens. Auch für mich sind Jesu Worte das Wertvollste, was ich hören kann.

— SR. GISELA : AUERBACH

»Trachtet zuerst nach dem Reich Gottes und nach seiner Gerechtigkeit, so wird euch alles andere zufallen.« {Matthäus 6,33}

— SR. ULRIKE UND SR. BABET : JUJUY · ARGENTINIEN

— BR. MARTIN : WILSDRUFF

»Wer mir nachfolgen will, der verleugne sich selbst und nehme sein Kreuz auf sich und folge mir nach.« {Markus 8,34}

— BR. CHRISTIAN : TRIEFENSTEIN — SR. GISELA : AUERBACH

— SR. HEIDEROSE : RÖDERMARK

»Wer sein Leben gewinnen will, der wird's verlieren. Wer sein Leben verliert um meinetwillen, der wird's finden.« {Matthäus 10,39}

— BERUFUNGSVERS VON SR. KATRIN : RAWALPINDI

Jesus sagt: »Ich bin der Weg und die Wahrheit und das Leben; niemand kommt zum Vater denn durch mich.« {Johannes 14,6}

— SR. HILDEGARD : RÖDERMARK — BR. MARKUS : TRIEFENSTEIN

Das Wort von der Gottes- und Nächstenliebe, das wichtigste Gebot: »Du sollst den Herrn, deinen Gott, lieben von ganzem Herzen, von ganzer Seele, von ganzem Gemüt und von allen deinen Kräften. Und: Du sollst deinen Nächsten lieben wie dich selbst!« {Markus 12,30f} — SR. HELGA : KÜNZELSAU — U.V.A

Mein Konfirmationsspruch aus 1. Mose 28,15 bewegt mich immer wieder: »Siehe, ich bin mit dir und will dich behüten, wo du hinziehst, und will dich wieder herbringen in dies Land. Denn ich will dich nicht verlassen, bis ich alles tue, was ich dir zugesagt habe.«

— SR. DAGMAR ; KARACHI · PAKISTAN

Mein Konfirmationsspruch aus Psalm 71,5 »Denn du bist meine Zuversicht, Herr, mein Gott, meine Hoffnung von meiner Jugend an.«
— BR. HANS : TRIEFENSTEIN

»Seht, was für eine Liebe uns der Vater geschenkt hat, dass wir Kinder Gottes heißen sollen, und es auch sind.« {1. Johannes 3,1} Diesen Konfirmationsspruch hat mein Vater für mich ausgesucht.
Er erzählte mir, dass mein Großvater vor seinem Tod zu Leprakranken – im Süden Brasiliens, wo ich geboren bin – in einer Kolonie genau über diesen Vers gepredigt hat. — SR. DIETLINDE : KARACHI · PAKISTAN

Als ich Schwester wurde, bekam ich den Vers aus 1. Johannes 4,16 mit auf den Weg: »Gott ist Liebe; und wer in der Liebe bleibt, der bleibt in Gott und Gott in ihm.« — SR. MARGARETE : RÖDERMARK

»Du bist ein Gott, der mich sieht.« {1. Mose 16,13}
— SR. HERTA UND SR. SIBYLLE : RÖDERMARK

»Niemand kann zwei Herren dienen. Ihr könnt nicht Gott und dem Mammon gleichzeitig dienen.« {Matthäus 6,24} — BR. JENS : TRIEFENSTEIN

»Ich lasse dich nicht, du segnest mich denn.« {1. Mose 32,27} — SR. ELSE : RÖDERMARK

Als Bibelwort für meine Beerdigung wünsche ich mir Römer 8,38 und 39: »Ich bin gewiss, dass weder Tod noch Leben, weder Engel noch Mächte noch Gewalten, weder Gegenwärtiges noch Zukünftiges, weder Hohes noch Tiefes noch eine andere Kreatur uns scheiden kann von der Liebe Gottes in Jesus Christus, unserem Herrn!« — BR. FELIX : WILSDRUFF

»Maria aber behielt alle diese Worte und bewegte sie in ihrem Herzen«. {Lukas 2,19}
— SR. URSULA : KÜNZELSAU

HINGABE-GEBET

Mein Herr und mein Gott,

nimm alles von mir, was mich hindert zu dir.

Mein Herr und mein Gott,

gib alles mir, was mich fördert zu dir.

Mein Herr und mein Gott,

nimm mich mir und gib mich ganz zu eigen dir.

NIKLAUS VON FLÜE (1417-1487)

EINHEITSGEBET

Herr Jesus Christus,
wir beten Dich an und danken Dir,
denn durch Deinen Opfertod am Kreuz
hast Du die Welt erlöst!

Dein versöhnendes Blut komme über uns
und unsre Kinder,
über alle Menschen, an allen Orten,
in allen Ständen, mit allen ihren Anliegen,
über Israel, Dein altes Bundesvolk
und das Land seines Erbes
und über die ganze
nach Freiheit seufzende Kreatur.

Dein versöhnendes Blut erneuere
unser Verhältnis zu Dir
und zueinander.

Vereine uns alle mit Dir und miteinander
in der unzertrennlichen Gemeinschaft
der Liebe Deines Herzens,
die alle und alles umfasst -

zur Ehre Gottes des Vaters,
zum Kommen seines Reiches,
zu aller Heiligen und der Engel Freude,
und zu unserem ganzen Heil
an Leib, Seele und Geist,
mit Hab und Gut,
in Vergangenheit, Gegenwart und Zukunft,
dass der Wille des Vaters geschehe
wie im Himmel so auf Erden.

NACH DER BRUDERSCHAFT VOM GEMEINSAMEN LEBEN

HERZENSGEBET

Beim sogenannten Herzensgebet wird ein Gebetswort mit dem Atem verbunden und im Rhythmus des Ein- und Ausatmens beständig wiederholt. Einige Beispiele sind:

»Herr Jesus Christus – erbarme dich meiner.«
»Du in mir – (und) ich in dir.«
»Jesus – Christus.«

Es braucht etwas Zeit, bis ich mein Herzenswort gefunden habe, darum sollte ich es auch nicht zu oft wechseln. Wenn ich tagsüber meinem Atem lausche, kann sich das Wort dem Atem wieder zugesellen. Atem und Wort erinnern mich: Ohne Unterlass bin ich vor Gott – und er ist in mir.

● EINATMEN ● AUSATMEN

SPENDER DES LEBENS

Spender des Lebens,
gib mir die Kraft,
dass ich meine Arbeit mit Überlegung tue,
getreu dem Ziel,
das Leben jener zu hüten,
die meiner Versorgung anvertraut sind.

Halte rein meine Lippen von verletzenden Worten.
Gib mir klare Augen,
das Gute der anderen zu sehen.
Gib mir sanfte Hände,
ein gütiges Herz und eine geduldige Seele.

Dass durch deine Gnade
Schmerzen gelindert werden,
kranke Körper heilen,
Gemüter gestärkt werden,
der Lebenswille wieder wachse.

Hilf, dass ich niemandem
durch Unwissenheit und Nachlässigkeit schade.
Für jene, die gebeugt sind
von Kummer und Weh,
von Angst und Schmerz,
gib Kraft zum Durchhalten.

Schenk mir, o Gott,
deinen Segen zu meiner Aufgabe.

FLORENCE NIGHTINGALE (1820-1910)

VORBILDER, DIE UNS BEEINDRUCKT, HERAUSGEFORDERT ODER GEPRÄGT HABEN, DIE UNS BEGLEITEN ODER UNS DURCH IHR LEBEN MUT MACHEN

Als junge Schwester im ersten Jahr ermutigte mich die Begegnung mit den Geschwistern vom Gemeinsamen Leben. Es war beeindruckend, wie sie mich als junge Schwester als Teil der CHRISTUSTRÄGER und gleichzeitig als Teil der christlichen Gemeinschaften weltweit angenommen haben.
Dies war wichtig für mein persönliches Verständnis von gemeinsamem Leben – in der Gesamtheit und von den Wurzeln her gesehen. — SR. SIBYLLE : RÖDERMARK

Einige Personen, denen ich zwar nicht richtig »*begegnet*« bin, sind aber durch Bücher wesentlicher Teil meines Lebens geworden: z.B. Therese von Avila und Dietrich Bonhoeffer.
— SR. DAGMAR : KARACHI · PAKISTAN

Mich beeindrucken die »*klassischen*« Heiligen und Ordensgründer, sympathisch waren mir Dominikus und Philipp Neri. Auch die Kleinen Schwestern und Brüder Jesu {gegründet von Charles de Foucauld}.
— BR. BODO : TRIEFENSTEIN

Die Bruderschaft als Ganzes hat mich geprägt, ich kann keinen Bruder speziell nennen da jeder auf seine Art ein Original ist und als Original mich geprägt hat. — BR. JAC : KABUL · AFGHANISTAN

Br. O. Friedrich von der leidenschaftlichen Gottesliebe-Seite her, und Br. E. Klinge von der Freiheit und dem unerschrockenen Einsatz her und seinem oft wiederholten Satz: »*Jesus ist Sieger*«. Br. E. Klinge hatte mich in die Weite gestoßen. In materiellen Dingen des täglichen Lebens, aber auch in die Weite der Welt. Nur nicht kleinlich werden! Br. O. Friedrich hat zumindest eine Weile fest daran gearbeitet, mich zu zügeln und zu einem innerlichen Menschen werden zu lassen. — BR. DIETER : TRIEFENSTEIN

Mit Br. E. Klinge verbinde ich »*eine Vision haben und sie umsetzen*«, mit Br. Gerhard Goldmann »*Christsein und professionelle Arbeit im Ausland*«. Meine Oberärztin in Schwäbisch Hall lehrte mich »*als Christ sich im Beruf ganz einsetzen*« und ein befreundeter Pfarrer »*Gott ernst nehmen in seinem Wort*«.
— SR. CHRIS : RAWALPINDI

Ich wurde weniger durch direkte Begegnungen mit Menschen beeindruckt, mehr durch das Lesen von Biographien, z.B. von Franz von Assisi, Serafim von Sarow, Katarina von Siena und Katarina von Genua.
— BR. SCHORSCH : KABUL · AFGHANISTAN

Mich haben vor allem jene Menschen geprägt, mit denen zusammen ich aufrichtig ringen konnte und immer noch ringen kann: Mit den Brüdern um ein gelungenes zwischenmenschliches Leben, mit Freunden und Seelsorgern um die Untiefen meiner Persönlichkeit, mit Lehrern und Professoren um die intellektuelle Redlichkeit meines Glaubens und mit den Geschwistern aus anderen Gemeinschaften um die Wirkung in Gesellschaft und Kirche hinein. Dankbar stelle ich fest: Gott handelt in meinem Leben oft so, dass er mir im rechten Moment die richtigen Leute über den Weg schickt.
— BR. THOMAS : VANGA · KONGO

In gewissen Aspekten waren mir einige Brüder ein Vorbild. Dann während der langen Jahre im Kongo auch einige Missionare und einheimische Mitarbeiter im Hospital sowie junge Christen aus dem Bibellesebund. Ihre Hingabe an den HERRN und ihre Lauterkeit haben mich beeindruckt.
— BR. JÖRG : WILSDRUFF

Safder Masih, ein pakistanischer Freund und Mitarbeiter. Beeindruckend finde ich seine Treue zu Jesus und sein Brudersein. — SR. ADELHEID : AUERBACH

Am Anfang meine Herkunftsgemeinde, ihre Ernsthaftigkeit und Liebe zu Jesus, aber auch die Liebe untereinander. Danach auch viele Christen in Pakistan und in Indonesien, die trotz Verfolgung treu ihren Weg gingen und gehen.
— SR. GISELA : AUERBACH

OKT 76 ZWEI SCHWESTERN BEGINNEN MIT EINEM SCHIFF DEN AMBULANTEN MEDIZINISCHEN UND EVANGELISTISCHEN DIENST AUF KALIMANTAN/INDONESIEN · **DEZ 76** ZWEI SCHWESTERN ZIEHEN NACH JUJUY/ARGENTINIEN UND BAUEN DORT EIN KINDERHEIM AUF · **1976-1978** GRÜNDUNG DER VEREINE »CHRISTUSTRÄGER SCHWESTERNSCHAFT E.V.« UND »CHRISTUSTRÄGER BRUDERSCHAFT E.V.«. SCHRITTE DER SELBSTSTÄNDIGKEIT DER BEIDEN STARK GEWACHSENEN GEMEINSCHAFTEN. → S 89

GOTT FÜR SCHWESTERN UND BRÜDER SEI DANK:_

WAHRLICH, ICH SAGE EUCH: ES IST NIEMAND, DER HAUS ODER BRÜDER ODER SCHWESTERN ODER MUTTER ODER VATER VERLÄSST UM MEINETWILLEN ODER UM DES EVANGELIUMS WILLEN, DER NICHT HUNDERTFACH EMPFANGE: JETZT IN DIESER ZEIT HÄUSER UND BRÜDER UND SCHWESTERN UND MÜTTER UND KINDER UND ÄCKER MITTEN UNTER VERFOLGUNGEN – UND IN DER ZUKÜNFTIGEN WELT DAS EWIGE LEBEN. MARKUS 10,29-31

Uns CHRISTUSTRÄGER verbindet neben unserem Glauben und den anvertrauten Aufgaben auch das gemeinsame alltägliche Leben.

Wir leben ehelos, doch nicht beziehungslos, sondern in geschwisterlicher Verbundenheit und aus der persönlichen Beziehung zu Jesus Christus. In der Hingabe an Gott und die Menschen wird unser Leben schöpferisch und fruchtbar.

Jede Hausgemeinschaft lebt vom Miteinander beim Gebet und bei Tisch, beim Feiern und gemeinsamen Unternehmungen. Der Einzelne soll Raum haben, in dem er sich mit seinen Freuden und Nöten mitteilen kann und eine Heimat hat. Als Schwestern und Brüder leben wir auch vom Vertrauen und der Anerkennung, die wir uns gegenseitig entgegenbringen. ¶

WOFÜR ICH MEINEN SCHWESTERN UND BRÜDERN DANKBAR BIN

Dass sie mich tragen oder ertragen, dass sie meine Fehler und Schwächen mittragen und mich in meiner Unvollkommenheit aushalten.
— BR. RETO : RALLIGEN · SCHWEIZ — SR. CONNY : HERGERSHOF — U.V.A

Dass sie mir vertrauen, mich heil gemacht haben und mir Heimat geben. — SR. DOROTHEA : RÖDERMARK

Dass sie mich wertschätzen und mich ergänzen.
— BR. DANIEL : TRIEFENSTEIN

Dass nicht immer alles bleiben muss, wie es schon immer war – dass auch mal *»spinnige Ideen«* ernstgenommen werden. — SR. SIGRID : HERGERSHOF

Für das, was sie in den Anfangsjahren an Pionierarbeit geleistet haben. — SR. HEIDRUN : HERGERSHOF

Dass sie nie aufgehört haben, Gott zu fragen, was als Nächstes zu tun ist. — BR. HELMUT : TRIEFENSTEIN

Ich bin den Brüdern dankbar, dass ich bis heute so sein kann und darf wie ich es bin. Ich werde nicht in eine feste Form hineingepresst, sondern darf mich entwickeln und verändern.
— BR. JOHANNES : TRIEFENSTEIN

Den Brüdern bin ich dankbar, dass sie mit *»Beat u. Evangelium«* in meine Heimat nach Oberfranken kamen und so überzeugend das *»entschieden als Christ leben im ganz alltäglichen Hier und Heute«* rüberbrachten. Das war damals wirklich ganz neu für mich – und hat mich zur Freude einer ganzen Hingabe und auf den Weg in die Schwesternschaft geführt. — SR. HERTA : RÖDERMARK

Wir können als Brüder und Schwestern an so viel mehr Orten und auf so viel mehr Weisen tätig sein, als ich es alleine könnte – und doch ist in jedem CHRISTUSTRÄGER immer auch ein Stück von mir tätig.
— BR. CHRISTIAN : TRIEFENSTEIN

OBEN SR. HERTA DAMOLIN
(MITBEGRÜNDERIN DES CT-WAISENDIENSTES)
UNTEN BR. RETO

MÄRZ 78 TOD DER ERSTEN SCHWESTER (SR. INGRID) IN RAWALPINDI; BEERDIGUNG IN RAWALPINDI · **SEP 78** BEGINN DER ORTHOPÄDISCHEN SCHUHWERKSTATT FÜR LEPRAKRANKE IN RIO BRANCO/BRASILIEN · **NOV 78** MIT 14 JUNGEN STARTET DAS KINDERHEIM »CHRISTOPHERUS« IN SEMARANG/INDONESIEN · **MÄRZ 80** DIE BRÜDER BEENDEN DEN DIENST IN DER HAUPTSTADT KINSHASA/KONGO UND ÜBERNEHMEN IM LANDESINNERN MITVERANTWORTUNG IM HOSPITAL IN VANGA. → S 94

WEGE IN DIE GEMEINSCHAFT

Eigentlich wollte ich ja lieber »*Bruder*« werden und nicht »*Schwester*«! Durch die Einsätze auf Baufreizeiten bei den CHRISTUSTRÄGER-Brüdern in Ralligen kam mir die Brüdergemeinschaft sehr nahe.
Nur notgedrungen machte ich mich auf, auch die Schwestern kennenzulernen, da Mädchen nicht mehr auf dem Bau in Ralligen mithelfen sollten. Ich erfuhr, dass bei Schwäbisch Hall eine Schwesterngruppe eine Scheune in ein Gästehaus umbaut. Das kam mir gerade recht! Beim Helfen dort erlebte ich, dass man auch mit Frauen etwas »*bauen*« kann und dass die eigentlich auch recht normal und bodenständig sind ...

— SR. DAGMAR : KARACHI · PAKISTAN

»*Du musst wohl verrückt sein, dass du schon mit 23 Jahren Bruder werden willst.*« Das hörte ich mehrmals, als ich – recht jung – diesen Schritt wagte. Der radikale Weg des Bruders faszinierte mich. Ich traf meine Entscheidung ganz im Vertrauen, dass Gott nicht nur den Anfang, sondern auch die Fortsetzung in seiner Hand hat.
»*Du musst wohl verrückt sein, dass du bei dieser Gemeinschaft bleibst.*« Das sagte ich mir selber, als die Bruderschaft Mitte der 90er Jahre durch eine tiefe Krise ging. Ich ließ mir viel Zeit und stellte fest, dass die Bruderschaft immer noch ein guter Rahmen ist, um Jesus nachzufolgen. In einem war ich mir immer sicher: Die Arbeit macht Sinn. Und mit so vielen gleichgesinnten und auch gleichaltrigen Männern an einem Strick zu ziehen – das findest du sonst kaum.
»*Du musst wohl verrückt sein, dass du hier alles zurücklassen willst.*« Gute Freunde sprachen aus, was ich auch selber dachte. Doch ein Besuch bei den Brüdern in Afrika hatte mich so tief angerührt, dass ihre Anliegen plötzlich zu meinen Anliegen wurden. Deswegen bin ich jetzt drei Jahre lang im Kongo im Einsatz. Mag sein, dass manches verrückt erscheint. Aber einmal mehr erfahre ich: Gott begleitet mich auch hier. Und meine Brüder auch.

— BR. THOMAS : VANGA · KONGO

OBEN BR. THOMAS
UNTEN SR. DAGMAR

OBEN BR. FRIEDHELM
UNTEN SR. HELGA, SR. HELENE UND
SR. BRUNHILDE (2003)

Ich stamme aus einem Elternhaus, in dem es keinen Bezug zum Glauben gab. Durch einen Mädchenkreis bekam ich Kontakt zu lebendigen Christen und über sie dann auch zu den CHRISTUSTRÄGERN.
Das radikale Leben der Schwestern und Brüder hat mich angesprochen. Ich nahm mir vor: Wenn schon Christ, dann ganz! Ich wollte eine klare Entscheidung treffen: Entweder die Bibel verbrennen oder ganz ernst machen mit Jesus! Ich habe mich richtig entschieden und bin 1968 in die Schwesternschaft eingetreten. — SR. HELGA : KÜNZELSAU

Als fünftes von zehn Kindern wuchs ich auf einem Bauernhof auf, umgeben von einer stattlichen Anzahl von Rindern und Schweinen, Katzen und natürlich Traktoren. Schule und später Studium machten aus mir einen Doktor der Medizin. Mein Spezialgebiet wurde die Kinderheilkunde.
Die Bruderschaft lernte ich zu Beginn meiner Studienjahre kennen. Auch eine Großfamilie, in der ich mich schnell heimisch fühlte. Nach Abschluss meines Studiums wurde ich Mitglied, Bruder. Gemeinsam mit den Brüdern führte mich mein weiterer Weg ins Weite. In die täglichen Pflichten eines afrikanischen Kinderkrankenhauses. Gemeinsam können wir dort vieles tun, was keiner von uns in einer bürgerlichen Existenz verwirklichen könnte: Ganzer Einsatz für kranke und arme Menschen um Christi willen. Den Benachteiligten und Schwachen Bruder sein, in meinem Fall den Kindern. Mein besonderes Augenmerk gilt hier den schwerstunterernährten Kindern.
— BR. FRIEDHELM : VANGA · KONGO

WEGE IN DIE GEMEINSCHAFT

Mathe gut, Religion 5 – Letzteres war die Androhung meiner Lehrerin, da ich absolut keine Antwort auf ihre Fragen zur Apostelgeschichte wusste und auch gar keine Bibel besaß. Ich trieb bei meinen Großeltern ein Neues Testament auf und machte mich ans Lesen. Als ich bei einer erneuten Befragung richtig antwortete, rief sie empört, dass ich in Reli keine Ahnung hätte, wüsste sie. Aber dass ich mir jetzt noch von anderen einsagen ließe, das sei obendrein feige! Ich verteidigte mich nicht, trat aber nach und nach den Gegenbeweis an.
Durch Lesen der Bibel und Versuche zu beten wuchs ich ins Christsein hinein. Es folgten Gottesdienstbesuche und Mitarbeit in der Gemeinde. Nach dem Studium verdichteten sich die Gedanken an Ehelosigkeit bzw. an ein Leben in einer verbindlichen christlichen Gemeinschaft. Obwohl bei den CHRISTUSTRÄGERN nicht alles meinen Vorstellungen entsprach, schoben sie sich immer mehr in den Vordergrund…
Und wenn ich bis heute meinen Schwestern nicht immer eine bequeme Partnerin bin, so bin ich ihnen doch dankbar, dass sie mich mögen, und dass wir alle – jede auf ihre Art – ein gemeinsames Ziel haben: Gott zu lieben und Ihm und Seinen Menschen zu dienen.
— SR. ASTRID : HERGERSHOF

OKT 80 EINTRITT DER INDONESISCHEN SCHWESTER YASNA; AUFBAU DER INDONESISCHEN SCHWESTERNSCHAFT, DIE FAST 30 JAHRE BESTEHEN WIRD · **DEZ 80** DIE BRÜDER MÜSSEN DIE STATION JALRAIZ/AFGHANISTAN VERLASSEN; UMZUG NACH KABUL. MITARBEIT IM KRANKENHAUS UND BEGINN EINER WERKSTATT · **AUG 81** EINTRITT DER BRASILIANISCHEN SCHWESTER MARGARIDA. → S 103

OBEN BR. MARKUS, BR. GUSTAV UND BR. DIETER
UNTEN SR. ASTRID

ORA ET LABORA - GEMEINSAM BETEN, ARBEITEN UND AUCH FREIZEIT TEILEN

OBEN LINKS KÜNZELSAU / KAPELLE **OBEN RECHTS** HERGERSHOF / SR. SIGRID
UNTEN LINKS RÖDERMARK / SR. MARGRIT **UNTEN RECHTS** HERGERSHOF / SR. ASTRID BEIM UMBAU (1976)

OBEN GEMEINSAMER URLAUB DER SCHWESTERN IN DÄNEMARK **UNTEN LINKS** KÜNZELSAU UND HERGERSHOF / SR. HEIDRUN UND SR. DORIS **UNTEN MITTE** SR. INGE AUF DEM KIRCHENTAG **UNTEN RECHTS** RÖDERMARK / SR. DOROTHEA

OBEN BEIM KREUZWEG AN OSTERN IN TRIEFENSTEIN **UNTEN LINKS** BR. SIEGBERT UND BR. HANS BEIM TISCHFUSSBALLSPIEL
UNTEN RECHTS TRIEFENSTEIN / BR. HELMUT

OBEN LINKS BRÜDER BEI DER FUSSBALLWELTMEISTERSCHAFT **OBEN RECHTS** RALLIGEN / BR. FELIX
UNTEN TRIEFENSTEIN / BR. JOHANNES

GOTT FÜR UNSERE FREUNDE UND MITSTREITER SEI DANK:_

IHR SEID DAS LICHT DER WELT. ES KANN DIE STADT, DIE AUF EINEM BERGE LIEGT, NICHT VERBORGEN SEIN. SO LASST EUER LICHT LEUCHTEN VOR DEN LEUTEN, DAMIT SIE EURE GUTEN WERKE SEHEN UND EUREN VATER IM HIMMEL PREISEN. MATTHÄUS 5,14+16

—

50 Schwestern und fast 30 Brüder gehören heute zu unserer Gemeinschaft. Froh und dankbar sind wir über die guten Verbindungen zu verschiedenen Kirchen und Freikirchen sowie zu anderen Lebensgemeinschaften und Kommunitäten. Besonders angewiesen sind wir auf die unzähligen engagierten Freundinnen und Freunde, die für uns beten, sich mit uns einsetzen, unsere Sache zu ihrer Sache machen, für unsere Aufgaben Geld, Zeit oder Ideen spenden. Ohne sie hätten wir vor fünfzig Jahren keinen einzigen Flug buchen, wenig anschaffen und kaum ein Brot verteilen können. Sie haben unseren ersten Schwestern und Brüdern damals vertraut und uns ihre Opfer zum Weitergeben anvertraut – und tun es bis heute. Durch sie wissen wir uns eingebunden in eine große Gemeinschaft, die weit über unsere eigene Kraft hinausgeht.

Hier sollen einige unserer Freunde, Mitstreiter, Nachbarn und Begleiter zu Wort kommen. Sie stehen stellvertretend für viele andere aus dem großen, fest geknüpften weltweiten Netz, das uns und unsere Arbeit trägt. ¶

STIMMEN UNSERER FREUNDE UND MITSTREITER

Die CHRISTUSTRÄGER-Brüder und -Schwestern leben und arbeiten mit dem Grundsatz: *Zuerst das leben, was man verkündigt.* In einer Zeit, als die moderne Jugendmusik in christlichen Gemeinden und Kreisen noch fast unbekannt war, haben sie mit ihren Bands Jugendliche angesprochen und für ein Leben in der Nachfolge Jesu angeregt.
Ihre Mission hat als Grundlage das gemeinsame Leben. Von diesem Boden aus war und ist ihr Zeugnis glaubwürdig und inspirierend.
Mit dieser Haltung gingen sie auch unter die Menschen in anderen Völkern und Kontinenten. Die Gottes- und Nächstenliebe hat seit je Menschen, Völker und Kulturen verwandelt und die größten diakonischen und missionarischen Werke hervorgebracht.
In dieser Tradition, auch der Orden und Kommunitäten aller Zeiten, stehen die Brüder und Schwestern der CHRISTUSTRÄGER-Familie.

— BRUDER JOHANNES JUNGER : BRUDERSCHAFT VOM GEMEINSAMEN LEBEN

Die CHRISTUSTRÄGER kenne ich seit 25 Jahren. Sie sind für mich eine Lebensgemeinschaft, die in der Tradition des abendländischen Mönchtums das Evangelium glaubwürdig zu leben versucht. Ihre unkomplizierte, fröhliche Art schätze ich.
Ich wünsche den Brüdern und Schwestern das Feuer des Heiligen Geistes, damit sie auch weiter ansteckend und zum Glauben einladend wirken können. Gemeinsam mit ihnen möchte ich an der weiteren Erneuerung der Kirche mitarbeiten.

— REGIONALBISCHOF CHRISTIAN SCHMIDT : ANSBACH

CHRISTUSTRÄGER. Brüder. Schwestern. Männer. Frauen. Echte Menschen. Jesusleute. Weiter Horizont. Mut zum Anpacken. Nachfolge konkret. Gastfreundschaft. Musik. Kreativität. Handwerk. Lebenszeugnis. Hingabe. Steine. Holz. Kloster. Welt. Verbindungen. Mut zum Anderssein. Morgengebet. Abendgebet. Gemeinschaft. Reife. Ablösung. Dankbarkeit. Stärke. Dies alles und viel mehr fällt mir ein, wenn ich an die CHRISTUSTRÄGER denke. Und ich danke. Gott. Und Euch. Und wünsche Segen für die Zukunft.

— ROLAND WERNER : PRIOR CHRISTUSTREFF MARBURG · GENERALSEKRETÄR DES DEUTSCHEN CVJM

TRIEFENSTEIN CHRISTOPH ZEHENDNER UND BR. CHRISTIAN

FEB 82 ZWEI SCHWESTERN BEGINNEN IN TUMBANG MARIKOI/INDONESIEN; SPÄTER MITARBEIT VON INDONESISCHEN SCHWESTERN · **JAN 84** DREI SCHWESTERN ZIEHEN NACH MITTELFISCHACH, LADEN ZU TAGUNGEN EIN UND BEGLEITEN MENSCHEN MIT BELASTUNGEN · **APRIL 86** UMZUG DER BRÜDER VON BASEL/SCHWEIZ UND WEITERER BRÜDER NACH TRIEFENSTEIN. DIE DORTIGE KLOSTERANLAGE WIRD ZUR HEIMAT DER BRUDERSCHAFT UND ZUM GÄSTEHAUS AUSGEBAUT. → S 109

TRIEFENSTEIN GEMEINSAMES ESSEN IN DER KIRCHE WÄHREND DER UMBAUZEIT (1986/87)

Durch die Art, wie die CHRISTUSTRÄGER leben, wurde das, was ich in der Bibel wie auf einem dunstverhangenen Bild wahrnahm, für mich plastisch und fassbar. Und ich begriff: *Jesus hat Menschen damals aufgefordert, mit Ihm zu leben und von Ihm zu lernen.* Dies tut Er heute noch – und wenn ich Ihm nachfolge, komme ich nicht zu kurz.
— SABINE SCHUBERT : COMMUNITÄT DON CAMILLO · BASEL · SCHWEIZ

Die CHRISTUSTRÄGER sind für mich eine Lebensgemeinschaft, die die Liebe zu Gott vieles erreichen lässt. Sie können sich voll und ganz ihrem Weg widmen. Christliche Werte und demokratische Fähigkeiten sind der Leitspruch der Stiftung *»Leben und Arbeit«*, bei der die Brüder mitwirken. Ohne die aktive Mitarbeit und Unterstützung der CHRISTUSTRÄGER wären viele Angebote bei uns niemals möglich gewesen. Vielen Menschen haben sie geholfen. — ARNDT STEINBACH : LANDRAT DES KREISES MEISSEN

Ich bewundere die CHRISTUSTRÄGER für ihr Engagement im Kongo und in Kabul. Sie entwickelten in extrem schwierigen und gefährlichen Lebensumständen eine unglaubliche Durchhaltekraft und bleiben gleichzeitig optimistisch und kreativ. Warum eigentlich? Weil sie Christus tragen oder weil ER sie trägt und beflügelt?
— PATER FIDELIS RUPPERT OSB : ABTEI MÜNSTERSCHWARZACH

Herbst 1972. Meine Frau und ich werden zu einer Evangelisationswoche mit der Band der CHRISTUSTRÄGER eingeladen. Ein neuer Trend, um Jesus den jungen Menschen nahezubringen: Laute Musik im Rockstil; dazwischen die Gute Nachricht in knackigen Worten. Dort hat es mich gepackt. Jesus ist mir konkret begegnet; seine Liebe zu mir, dem ewigen Zweifler, hat mich überwältigt. Das war die Kehrtwende in meinem Leben. Seit damals sind wir mit den CHRISTUSTRÄGERN eng verbunden. Sie haben uns in unzähligen Begegnungen, Freizeiten und bei Besuchen auf ihren Stationen aus ihrem großen Erfahrungsschatz in der Nachfolge Jesu viel mitgegeben. — GIACUMIN SALUZ : BUCHS SG · SCHWEIZ

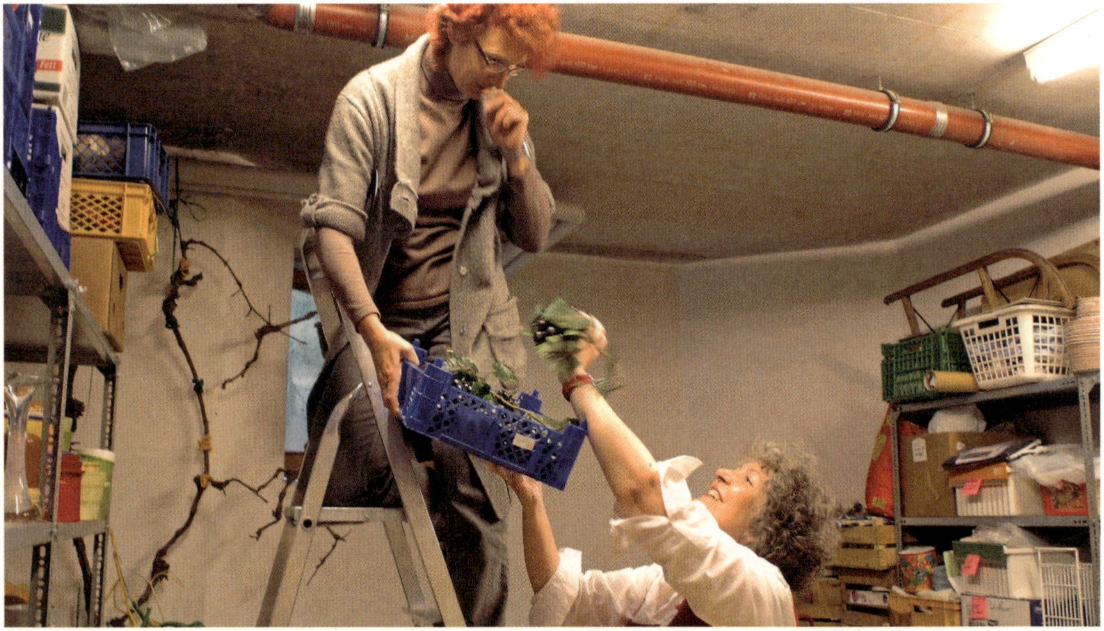

RÖDERMARK SR. REGINA MIT EINER MITARBEITERIN

STIMMEN UNSERER FREUNDE UND MITSTREITER

Mit der Bruderschaft der CHRISTUSTRÄGER verbindet mich eine langjährige Freundschaft, die vor allem in der räumlichen Nähe zwischen meiner Pfarrei und Triefenstein gewachsen ist. Ich erlebe dort Menschen, die ganz bodenständig und gleichzeitig aber auch tief spirituell sind, die es verstehen, dem ganz normalen Leben ein Fundament und ein Dach zu geben, »*Lebensrenovierer*« gewissermaßen.

— THOMAS WOLLBECK : KATHOLISCHER PRIESTER · GROSSOSTHEIM

Wir Kleinen Schwestern sind Gott und den Brüdern dankbar für die über 40 Jahre Gegenwart in Kabul. Ihr Dasein ist für uns und viele Afghanen ein Glück, ein Segen und eine Gnade Gottes. In den schwierigsten Kriegsjahren, in jeder Not kamen sie uns zu Hilfe. Wir durften miteinander beten, feiern, austauschen, aufeinander vertrauen und um Rat fragen. Kurz gesagt: *Sie sind einfach echte Brüder für alle.*

— SR. MARIAM FÜR DIE KLEINEN SCHWESTERN JESU : KABUL · AFGHANISTAN

»*Mit Gottes Hilfe trauen wir uns das zu*«, das war die Antwort von Sr. Dorothea Lakowitz und Sr. Margarete Hegent auf die skeptische Frage von uns Kommunalpolitikern, wie denn eine so kleine Schar von Schwestern eine so gewaltige Aufgabe im Bereich der Altenpflege schultern wolle. Und wirklich, sie haben es geschafft: Die CHRISTUSTRÄGER-Schwestern haben durch ihr segensreiches Wirken in den letzten zwei Jahrzehnten unsere Stadt nachhaltig geprägt und ihr besonders im Bereich der Senioren-Betreuung eine Seele gegeben. Gott und den Schwestern sei Dank. Sie sind ein Glück für uns.

— ALFONS MAURER : BÜRGERMEISTER A.D. · EHRENBÜRGERMEISTER DER STADT RÖDERMARK

»Dass wir als Brüder eins sind, ist wichtiger, als dass die Musiker alle auf der {Zählzeit} Eins sind. Denn die stärkste Musik macht unser Leben.«
Ob die CHRISTUSTRÄGER das jemals wörtlich so gesagt haben? Mir wurde es als ein Zitat von ihnen kolportiert. Da war ich 20 und fand ihre Schallplatten mäßig, ihre Live-Konzerte und Predigten aber fantastisch. Eben wegen der Aussage, der Ausstrahlung, der Atmosphäre dieser evangelischen Mönche. Der Spruch stimmt heute noch.
— ANDREAS MALESSA : JOURNALIST · AUTOR UND PASTOR

Seit 1971 kenne ich die Schwestern. Sie tun ihren Dienst in Pakistan unerschütterlich, mit Hingabe und Liebe für die Patienten der Organisation ALP {Hilfe für Lepra-Patienten}, gepaart mit einer Vision, die unübertroffen ist. Sie sind ein Musterbeispiel für unsere Institutionen, ihnen zu folgen und von ihnen angespornt zu werden.
Sie haben bei vielen unserer Mitbürger großes Wohlwollen geschaffen, nicht nur für christliche Mission sondern auch für das deutsche Volk. Ich bin stolz auf meine langjährige Verbundenheit mit ihnen.
— ALI NAWAZ CHOWHAN : RICHTER AM OBERLANDESGERICHT LAHORE · BERATER FÜR RECHTSANGELEGENHEITEN DES PRÄSIDENTEN UND DER REGIERUNG VON PAKISTAN · FRÜHERER INTERNATIONALER RICHTER DER VEREINTEN NATIONEN IN DEN HAAG · VORSTANDS-MITGLIED DES RECHTSAUSSCHUSSES DER UNESCO

Den CHRISTUSTRÄGERN begegnete ich als Dresdner Jugendpfarrer erstmals im September 1990, in den letzten Tagen der DDR. In der Zeit, als sich im Osten in unglaublichem Tempo alles änderte, stand die Frage nach Wegen in die Zukunft und Orientierung im Raum.
In der ersten Begegnung bewegte mich die Frage: Könnten diese Brüder für uns Gegenüber, Begleiter werden? In den letzten 20 Jahren wuchsen viele Kontakte zwischen Triefenstein und Sachsen, die tragen, ermutigen, bereichern, herausfordern. GOTT SEI DANK!
— SUPERINTENDENT MARTIN HENKER : LEIPZIG

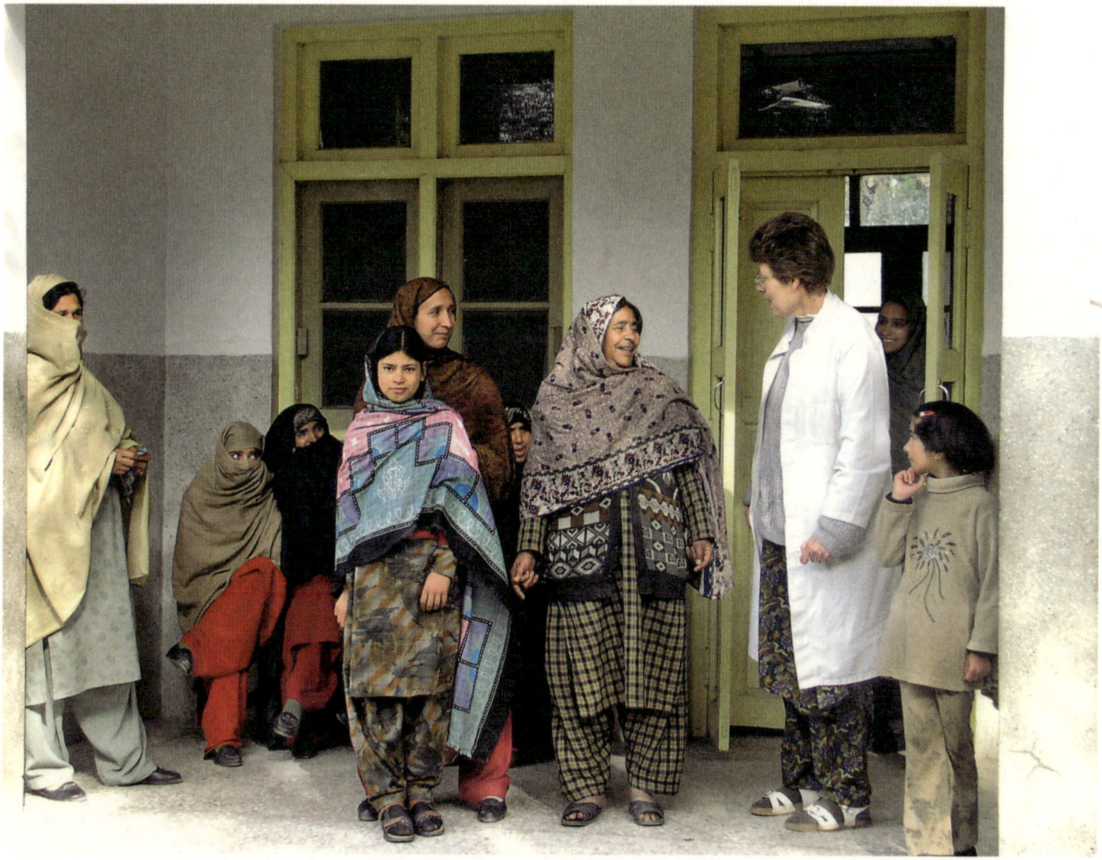

PAKISTAN SR.CHRIS BEI DER MONATLICHEN SPRECHSTUNDE FÜR FRAUEN IN BALAKOT

SEP 86 AUFNAHME DER ERSTEN KINDER IN DER KINDERTAGESSTÄTTE »ARCHE NOAH« IN JUJUY/ARGENTINIEN · **OKT 86** BEENDIGUNG DER ARBEIT IM REGIERUNGSKRANKENHAUS PALANGKA RAYA/INDONESIEN; SPÄTER WECHSEL DES CHIRURGISCHEN TEAMS NACH KUDUS · **JUNI 87** VIER SCHWESTERN NEHMEN DIE INDONESISCHE STAATSBÜRGERSCHAFT AN, UM WEITERHIN IM LAND BLEIBEN ZU KÖNNEN · **JAN 88** ERÖFFNUNG EINES CHRISTLICHEN KINDERGARTENS IN MARIKOI/INDONESIEN · **MÄRZ 88** EINWEIHUNG VON »HOUSE EMMANUEL«, EINEM WOHNHEIM FÜR 30 MÄDCHEN IN RAWALPINDI/PAKISTAN. → S 115

STIMMEN UNSERER FREUNDE UND MITSTREITER

Ich kenne die CHRISTUSTRÄGER-Schwestern seit fast vierzig Jahren. Durch die Begegnungen im gemeinsamen Dienst ist ein freundschaftlich-geschwisterliches Verhältnis mit den Schwestern entstanden. Manche Fragen und Bedenken in kirchlichen Kreisen gegenüber den CHRISTUSTRÄGERN in ihren ersten Jahren sind längst ausgeräumt. Die Schwestern sind voll integriert, ihre Veranstaltungen im Hergershof weit über den Haller Raum hinaus geschätzt. Ich selbst erbitte für die CHRISTUSTRÄGER einen neuen Frühling, junge Schwestern, damit der Hergershof auch in späteren Jahren als Stätte der Seelsorge und des Gebets erhalten bleibt. — HANS SCHRÖPPEL : PFARRER I.R. · SCHWÄBISCH HALL

Die CHRISTUSTRÄGER setzen ihr ganzes Leben ein, um anderen zu dienen. Sie segnen uns dadurch, dass sie uns an ihrem Dienst teilhaben lassen, und sie ehren uns damit, dass sie uns zu ihren Freunden zählen.
Uns verbindet mit den Schwestern der Glaube an Jesus Christus und die geistliche Last für ein gottloses Volk, das im Finstern lebt und sich nicht um die Konsequenzen kümmert. Aber auch die Feste, die Momente der Freude und des Vergnügens und vor allem die Liebe. Ihr Leben und ihr Dienst sind für uns ein Beispiel von Gottes Gnade.
— ANA LIA UND DR. MANOLO RENGEL : JUJUY · ARGENTINIEN

»*Gott spannt leise feine Fäden, die du leicht ergreifen kannst.*« Dieser Liedtext von Clemens Bittlinger ist Ausdruck Eures Lebens und Eures Dienstes als Schwesternschaft.
Die ersten Fäden, die Gott zwischen uns gespannt hat, gingen über Eure Musik mit der Band in verschiedenen Gottesdiensten.
Die nun schon fast 20-jährige Zusammenarbeit im »*Frühstücks-Treffen für Frauen*« brachte viele gute Kontakte und daraus entstand Freundschaft. Wir staunen über die Fäden, die Gott in unserem Leben gespannt hat - sie reichen bis zu den Schwestern in Pakistan und Argentinien. Gott, der unser gemeinsamer guter »*Fädenspanner*« ist, segne Euch und behüte Euch weiterhin! — BRIGITTE SCHAUPP : SCHWÄBISCH HALL · MICHELFELD

INDONESIEN KINDER IN MARIKOI

In der ersten Nacht im Kinderheim Christopherus in Semarang fühlte ich mich einsam und sehr traurig. Aber nach einigen Monaten entdeckte ich, dass mein Heim die beste Familie war, die ich mir erträumen konnte. Menschen wie Sr. Margrit und Sr. Christine hatten sich dazu entschieden, ihr Leben hinzugeben, um Waisen wie mich zu versorgen. Sie teilten unser Leben, trugen unsere Kleidung, aßen unser indonesisches Essen, sprachen unsere Sprache, und sie verließen ihr bequemes Umfeld, um uns zu lieben.
Bis heute bin ich dankbar für den Einfluss, den sie auf unser Leben hatten. Sie haben uns eine zweite Chance für eine glückliche Kindheit gegeben und eine neue Hoffnung für eine bessere Zukunft. Die Schwestern weckten in mir den Wunsch, mit benachteiligten Kindern zu arbeiten, sie zu ermutigen und ihnen dabei zu helfen, die Liebe Jesu zu erfahren.
— SUSAN MYIHTOI : AUFGEWACHSEN IN SEMARANG · INDONESIEN

TRIEFENSTEIN KLAUS HELD BEI DER MÄNNERWERKWOCHE

Unsere Verbundenheit und Beziehung zu den CHRISTUSTRÄGERN blickt mittlerweile auf eine über 30-jährige Freundschaft zurück und sieht etlichen weiteren Jahren mit größter Freude entgegen. Sie waren, sind und werden immer unsere besten und engsten Vertrauten sein.
Insbesondere in der Zeit unseres Auslandsaufenthaltes und im speziellen danach standen bzw. stehen die CHRISTUSTRÄGER uns zur Seite mit ihrer unendlich tief greifenden und umfassenden Erfahrung, aber vor allem mit ihrer wahren Freundschaft.
— MARTINA UND DIETER SCHUCHMANN : BENSHEIM-AUERBACH

Ich fühle mich bei den CHRISTUSTRÄGERN sehr wohl. Wenn ich zu den Brüdern komme, ist es, wie wenn ich nach Hause komme. Die Brüder sind freundlich und nehmen sich Zeit für mich. In Ralligen gefällt mir, dass die Berge und der Thuner See in der Nähe liegen. Ebenso wie in Ralligen gibt es auch in Triefenstein sehr leckeres Essen, eine schöne Umgebung und viele Möglichkeiten zum Fußball-, Tischkicker- oder Tischtennisspielen. Und die Brunnen bieten an heißen Tagen eine gute Abkühlung.
— JOHANNES VON SCHOLZ : 11 JAHRE · AICHWALD

Die CHRISTUSTRÄGER und das Kloster Triefenstein kenne ich schon seit meiner Kindheit. Aber durch mein Freiwilliges Soziales Jahr habe ich die Gemeinschaft erst richtig kennengelernt. Die Zeit dort war sehr intensiv, selten zuvor habe ich so viele offene und tiefgründige Gespräche mit den unterschiedlichsten Menschen geführt. Beeindruckend finde ich, was die CHRISTUSTRÄGER mit vereinten Kräften alles geschafft haben und immer noch schaffen. Fasziniert hat mich die Konsequenz und die nach 50 Jahren immer noch spürbare Begeisterung für den Glauben und für Jesus. Die Brüder schaffen bei ihren Seminaren eine Atmosphäre, bei der eine ungewöhnliche Offenheit und Ehrlichkeit möglich ist – eine Atmosphäre des Vertrauens. Dafür bin ich zutiefst dankbar.
— TOBIAS PALM FSJ-TEILNEHMER

STIMMEN UNSERER FREUNDE UND MITSTREITER

Vor etwa 40 Jahren habe ich die CHRISTUSTRÄGER kennen gelernt. Damals war ich Patient in ihrem Hospital. Anschließend fragten die Brüder mich, ob ich mitarbeiten wolle. Ich habe das gerne getan und eine Menge dabei gelernt. Helfen kann Freude machen – das habe ich bei ihnen entdeckt.
Mich verbindet mit den Schwestern und Brüdern der CHRISTUSTRÄGER der Wunsch, den armen Leprapatienten zu helfen. Ich schätze es, dass sie dem Einzelnen in seiner Not helfen und keinen Unterschied machen zwischen den zum Teil sehr verfeindeten Volksgruppen bei uns. Gemeinsam mit den CHRISTUSTRÄGERN möchte ich noch möglichst lange für die Patienten da sein. — R. : KABUL · AFGHANISTAN

Durch die CHRISTUSTRÄGER habe ich etwas Wesentliches erfahren von der Kraft Gottes, die in den Schwachen mächtig ist {2. Kor 12,9}. Sie gehören zum Reichtum meines Lebens und Arbeitens in Kirche und Hochschule und ich wünsche den CHRISTUSTRÄGERN, dass sie auch künftig *»ohne Unterlass«* Menschen auf der Pilgerreise ihres Lebens dienlich sein dürfen. Der Stab, auf den Christophorus sich mit dem königlichen Christuskind auf den Schultern stützte, trug am anderen Tag *»Blätter und Früchte wie ein Palmenbaum.«* Möge der Dienst der CHRISTUSTRÄGER auch künftig von solchen geistlichen Früchten gesegnet sein!
— PROF. DR. THEOL. REINER MARQUARD : PFARRER DER EVANGELISCHEN LANDESKIRCHE IN BADEN UND REKTOR DER EVANGELISCHEN HOCHSCHULE FREIBURG

KONGO / VANGA BR. KURT MIT DEM AMERIKANISCHEN MISSIONAR ED NOYES

FEB 90 UMZUG DER ALTENARBEIT VON ALSBACH NACH OBERRODEN INS »HAUS MORIJA« · **SEP 90** ERSTE GÄSTEFREIZEITEN BEI DEN BRÜDERN IN TRIEFENSTEIN **AUG 91** BEGINN DER ARBEIT IN HUMAHUACA/ARGENTINIEN; ZUERST KINDERTAGESSTÄTTE, SPÄTER GEMEINDE-, KINDER- UND GÄSTEARBEIT · **JAN 94** ZERSTÖRUNG DER KLINIK IN KABUL/AFGHANISTAN DURCH KRIEGSHANDLUNGEN; KATASTROPHENHILFE, BEHANDLUNG VON TBC UND WIEDERAUFBAU DER KLINIK. → S 117

KONGO / VANGA BR. FRIEDHELM MIT DEN BESUCHERN ULRIKE KRAMER UND BR. PETER

Ich kenne die CHRISTUSTRÄGER seit 1968. Sie haben es geschafft, aus einem überzeugten APO-Anhänger einen begeisterten Jesus-Jünger zu machen. An den Schwestern und Brüdern der CHRISTUSTRÄGER schätze ich ihr authentisches Leben, ihr Name wird durch ihr Leben abgedeckt. Sie haben als »*geistliche Paten*« über 10 Jahre unsere Elops-Gemeinschaft nachhaltig geformt und geprägt. Sr Christine, ein »*Elop-Urgestein*«, ist der lebende Beweis unserer Verbundenheit. — DIETER WEIDEMANN : »DIE ELOPS« · BAD WINDSHEIM

Durch mehrere Kurzeinsätze in Vanga lernten wir einige Brüder besser kennen. Jeden mit seiner unterschiedlichen Art, seinen Hintergründen, mit Begabungen und Beruf. Zusammen bilden sie ein Puzzle. Jeder Bruder wird gebraucht. Wenn einer leidet, leiden die anderen mit. Wenn einer fröhlich ist, freuen sich auch die anderen. Seit März 2009 arbeiten wir mit als Missionare beim technischen Service in Vanga. Monatlich sind wir bei den Brüdern zum Abendessen eingeladen. Vor dem Essen werden wir eingestimmt beim musikalisch-liturgischen Abendgebet. Nach dem gemeinsamen Gebet erfreuen wir uns zusammen am Tisch bei anregenden Gesprächen. Uns verbinden der Glaube an Jesus Christus und die Liebe und Gemeinschaft zu den Menschen hier in Vanga.
— ROSMARIE OPPLIGER : VANGA · KONGO

RALLIGEN / SCHWEIZ DR. EBERHARD RIETH, BEGLEITER DER BRUDERSCHAFT IM UMBRUCH

TRIEFENSTEIN ZIVIS UND HELFER

Es ist so vieles, was uns mit Euch verbindet, liebe Schwestern und Brüder der CHRISTUS-TRÄGER: Das gemeinsame Leben, das Ihr trotz vieler Krisen nicht aufgegeben habt, der Auftrag an den Menschen, in der Nähe und in der Ferne, das immer neue Fragen nach Gottes Weg mit Euch heute, die Bereitschaft zum Aufbruch …
Danke für die Gastfreundschaft, die wir in Euren Häusern erlebt haben, für Eure Hingabe an Gott und die Menschen! In den Fußspuren des Christophorus, des ersten »*Christus-Trägers*«, werdet nicht müde, wenn Gott Euch Anteil gibt an mancher Last um Seine Welt. Er trägt Euch und liebt Eure Gemeinschaft, sodass Ihr andere tragen könnt.
— SR. MICHAELA KLODMANN : JESUS-BRUDERSCHAFT GNADENTHAL

SEP 95 GESCHWISTER KLINGE ZIEHEN GANZ NACH SCHOTTLAND · **JAN 96** MITBEGRÜNDER O. FRIEDRICH SCHEIDET AUS DER BRUDERSCHAFT AUS. BR. DIETER WIRD PRIOR UND FÜHRT DIE BRUDERSCHAFT DURCH DIE ZEIT DER NEUORIENTIERUNG · **JUNI 96** ÜBERNAHME DER KINDERHÄUSER IN KARACHI/PAKISTAN DURCH DIE SCHWESTERNSCHAFT · **DEZ 97** ERSTE GENERALVERSAMMLUNG ALLER BRÜDER IN TRIEFENSTEIN. WAHL EINES NEUEN LEITUNGSKREISES DER BRUDERSCHAFT. → S 120

GOTT FÜR UNSERE LIEDER SEI DANK:_

ERMUTIGT EINANDER MIT PSALMEN, UND LOBT DEN HERRN MIT LIEDERN, WIE SIE EUCH SEIN GEIST SCHENKT. SINGT FÜR DEN HERRN, UND JUBELT AUS VOLLEM HERZEN! EPHESER 5,19:

—

Wer begeistert ist von Jesus und vom Leben mit ihm, der fängt an, davon zu singen: Lieder voller Lob und Dank, Lieder, die Gott anbeten und ihm Ehre erweisen, Lieder, die etwas ausdrücken von den Erfahrungen im Glauben und von der Hoffnung auf die Zukunft mit Gott, Lieder, die Zeitgenossen aufrütteln und zum Glauben einladen. Das gemeinsame Singen und das Musikmachen zur Ehre Gottes hat unsere Gemeinschaft von allem Anfang an geprägt. Die CHRISTUSTRÄGER-Brüder zogen schon Mitte der sechziger Jahre mit Beat und Jazzmusik durchs Land und verkündeten – wie es damals provozierend formuliert wurde *»das gerade Wort mit schräger Musik«*.

Jahrzehntelang trommelte diese erste Band – CTA – mit rockigen Klängen für das Evangelium und erreichte bei Hunderten von Veranstaltungen viele junge Leute mit dem Evangelium. Später kamen die etwas *»ruhigeren«* Klänge von CTB dazu – südamerikanische Folklore mit vielen akustischen Instrumenten.
Und auch der mitreißende Rhythmus von CTC {Dixieland und Swing} bot bei Freizeiten und Gemeindewochen eine gute Möglichkeit, über den Glauben ins Gespräch zu kommen. Spuren aller drei Formationen sind eingeflossen in die bis heute aktive Formation CT & FRIENDS, die bei Gemeindewochen und Veranstaltungen in unseren eigenen Häusern musiziert. ¶

RALLIGEN / SCHWEIZ BR. SIEGFRIED UND BR. KURT MUSIZIEREN FÜR DIE GÄSTE

OKT 99 BEGINN MIT TBC-KONTROLLE IN RAWALPINDI · **NOV 99** GRÜNDUNG EINES FREUNDESKREISES »PRO MORIJA« ZUR UNTERSTÜTZUNG DER SENIOREN-ARBEIT DER SCHWESTERN SOWIE VORBEREITUNG FÜR »BETREUTES WOHNEN« · **2000** BAU EINES SENIORENGERECHTEN SCHWESTERNHAUSES IN KÜNZELSAU FÜR HEIMKEHRENDE SCHWESTERN AUS DEM AUSLAND · **FEB 00** RÄUMUNG UND VERKAUF DES BRÜDERHAUSES IN BENSHEIM-AUERBACH. → S 134

Parallel bildeten auch die CHRISTUSTRÄGER-Schwestern in Starkholzbach – später Hergershof – eine Musikgruppe, sangen bei ihren Freizeiten und bei Gemeindeveranstaltungen, schrieben eigene Lieder und nahmen {wie auch CTA und CTB der CHRISTUSTRÄGER-Brüder} Schallplatten oder CDs auf.

Gesungen wurde und wird bis heute auch sehr viel bei den Freizeiten, Tagungen und Seminaren in unseren Gästehäusern. Doch nicht nur Gemeindelieder aus den letzten Jahrzehnten erklingen bei uns CHRISTUSTRÄGERN. Wertvoll geworden sind für uns auch die bewährten Glaubenslieder und Choräle. Und Tag für Tag stimmen wir in unseren Tagzeitengebeten in jahrhundertealte liturgische Gesänge ein und singen so ganz regelmäßig die Psalmen der Bibel.

Eine Reihe von Liedern – teils aus eigener, teils aus fremder Feder – ist uns im Laufe unserer Geschichte ans Herz gewachsen. Hier eine Auswahl aus den {zum Teil gekürzten} Liedtexten, die ein Stück der Geschichte, Gegenwart und Zukunftshoffnung unserer Bruderschaft widerspiegeln. ¶

SALZ SOLLT IHR SEIN

Salz sollt ihr sein, doch mit euch ist nichts los,
Feuer der Welt, doch die Angst ist zu groß.
Was kann geschehen, wenn dein Herz für Gott schlägt?
Schaut sie euch an, die die Welt verwandelten!

Franz war allein, die Stadt gegen ihn,
doch ging er als der Herr ihn rief;
erzählte den Menschen, den Tieren im Wald,
sagte: »Kehrt um, denn der Herr kommt bald«.

Martin der Mönch, er hatte nicht Macht,
doch hat der Herr durch ihn Wunder geschafft:
»Neu mach die Kirche und fürchte dich nicht,
Gott ist bei dir, er schenkt dir sein Licht.«

TEXT WILFRIED SCHNEIDER **MUSIK** BR. BODO FLACH CT (CA. 1968)

JESU, GEH VORAN AUF DER LEBENSBAHN

Jesu, geh voran auf der Lebensbahn,
Und wir wollen nicht verweilen,
Dir getreulich nachzueilen;
Führ uns an der Hand bis ins Vaterland.

Ordne unsern Gang, Jesu, lebenslang.
Führst du uns durch raue Wege
Gib uns auch die nöt'ge Pflege;
Tu uns nach dem Lauf deine Türe auf.

NIKOLAUS LUDWIG VON ZINZENDORF (1725)

EIN BAUM AM FRISCHEN WASSER

Ein Baum am frischen Wasser,
gepflanzt von guter Hand.
Im Boden fest gewurzelt,
nährt ihn das gute Land.

Er wächst und grünt und blüht,
in großer Fülle wunderbar.
Dann bringt er viele Früchte
und krönet so das Jahr.

Ihm schadet keine Hitze,
er steht in voller Pracht.
Das gute frische Wasser
gibt ihm beständig Kraft.

So kommt der Segen Gottes
auf den, der auf ihn schaut.
Sich fest auf Jesus gründet
und fröhlich ihm vertraut.

Gegründet auf das Wort
entfaltet er sich mehr und mehr
und trägt viel gute Früchte
zu Gottes Lob und Ehr.

TEXT UND MUSIK CT-SCHWESTERN, HERGERSHOF (80ER JAHRE)

BÄUME WACHSEN IN DEN HIMMEL

Bäume wachsen aus der Erde,
wenn der Same auf den Boden fällt.
Ohne Zergehen kann's nicht werden,
dass die Welt ihr neues Kleid erhält.
Auch mir ist es so ergangen,
denn in Schuld war ich gefangen.

Bäume wachsen in den Himmel,
jedes Jahr um einen neuen Ring.
In meinem Herzen wächst der Himmel,
wenn ich Tag für Tag bei Jesus bin.

Jesus hat mein Herz gefunden.
Ich bin froh, dass er gekommen ist.
Angst und Schuld sind überwunden
und das neue Leben kommt ans Licht.
Langsam und oft kaum zu sehen,
doch ich bleibe nie mehr stehen.

Bäume wachsen in den Himmel,
jedes Jahr um einen neuen Ring.
In meinem Herzen wächst der Himmel,
wenn ich Tag für Tag bei Jesus bin.

TEXT FRANZ BUCHER **MUSIK** BR. GUSTAV FLUCK CT (70ER JAHRE)

ICH LIEBE DEN TAG

Ich liebe den Tag, an dem es begann.
Der Frieden ist mein, die Angst ist vorbei.
Ich liebe den Tag, an dem wir aufbrachen,
um zu Jesus zu gehn.

So viele winken uns zu, lachen und tanzen:
Kommt feiert mit uns.
So viele suchen ihr Glück, suchen und finden –
kehren traurig zurück.
So viele wollen uns sehen, wollen uns halten –
können uns nicht verstehen.

Ich liebe den Tag, ihn mit Jesus zu gehn.
Ich liebe den Tag, an dem wir ihn kommen sehn!
Ich liebe den Tag, an dem wir aufbrachen,
um zu Jesus zu gehn.

TEXT KARL LAKOWITZ **MUSIK** BR. BODO FLACH CT (70ER JAHRE)

NICHTS KANN MICH SCHEIDEN

Nichts kann mich scheiden von der Liebe Gottes,
wenn ich in Jesus Christus bleibe.
Ich bin geborgen in der Liebe Gottes,
und sein Angesicht leuchtet über mir!

Denn Gott ist mir ein starker Fels
und eine feste Burg,
meine Hilfe und mein Schutz!

Denn Gott zeigt mir den rechten Weg,
er führt mich durch sein Wort
und geleitet mich ans Ziel!

Denn Gott reicht mir das Lebensbrot,
dazu den Kelch des Heils
und erfreut mich durch sein Wort.

TEXT UND MUSIK CT-SCHWESTERN HERGERSHOF (80ER JAHRE)

HERZ UND HERZ VEREINT ZUSAMMEN

Herz und Herz vereint zusammen
sucht in Gottes Herzen Ruh.
Lasset eure Liebesflammen
lodern auf den Heiland zu.
Er das Haupt, wir seine Glieder,
er das Licht und wir der Schein,
er der Meister, wir die Brüder,
er ist unser, wir sind sein.

Liebe, hast du es geboten,
dass man Liebe üben soll,
o so mache doch die toten,
trägen Geister lebensvoll.
Zünde an die Liebesflamme,
dass ein jeder sehen kann:
wir, als die von einem Stamme,
stehen auch für einen Mann.

Lass uns so vereinigt werden,
wie du mit dem Vater bist,
bis schon hier auf dieser Erden
kein getrenntes Glied mehr ist,
und allein von deinem Brennen
nehme unser Licht den Schein;
also wird die Welt erkennen,
dass wir deine Jünger sein.

NIKOLAUS LUDWIG VON ZINZENDORF (1725)

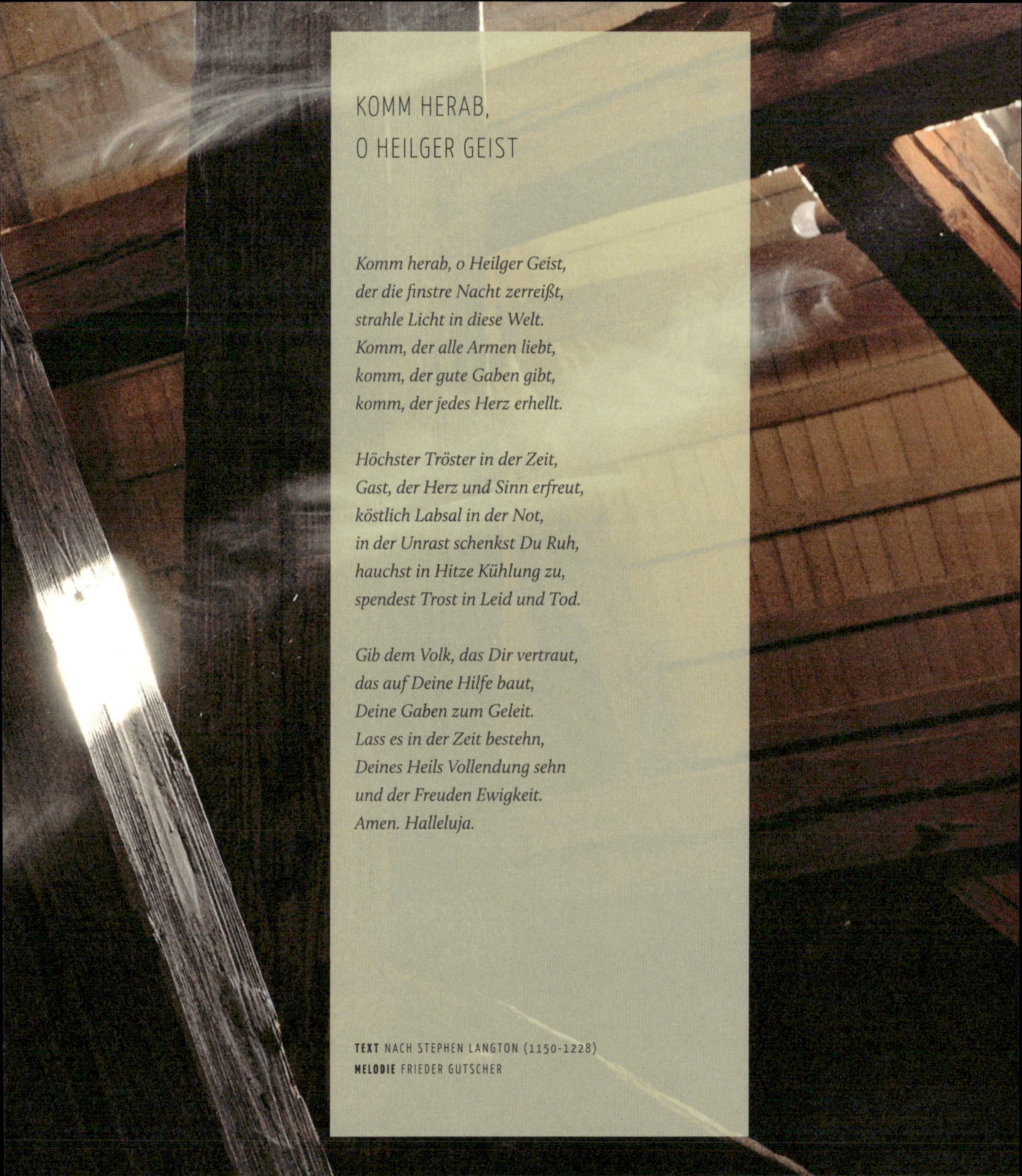

KOMM HERAB, O HEILGER GEIST

Komm herab, o Heilger Geist,
der die finstre Nacht zerreißt,
strahle Licht in diese Welt.
Komm, der alle Armen liebt,
komm, der gute Gaben gibt,
komm, der jedes Herz erhellt.

Höchster Tröster in der Zeit,
Gast, der Herz und Sinn erfreut,
köstlich Labsal in der Not,
in der Unrast schenkst Du Ruh,
hauchst in Hitze Kühlung zu,
spendest Trost in Leid und Tod.

Gib dem Volk, das Dir vertraut,
das auf Deine Hilfe baut,
Deine Gaben zum Geleit.
Lass es in der Zeit bestehn,
Deines Heils Vollendung sehn
und der Freuden Ewigkeit.
Amen. Halleluja.

TEXT NACH STEPHEN LANGTON (1150-1228)
MELODIE FRIEDER GUTSCHER

DIE WÜSTE ERWACHT

Die Wüste erwacht und die Steppe wird blühen. Halleluja.
Das vertrocknete Land und der Dornbusch trägt grün. Halleluja.
Zwölfmal im Jahr tragen die Bäume. Halleluja.
Löwen und Lämmer spielen wie Freunde. Halleluja.

Halleluja, Halleluja …

Keiner muss leiden und keiner mehr sterben. Halleluja.
Die Tiere, die Menschen den Frieden erben. Halleluja.
Die Kinder verstehen die Weisheit der Väter. Halleluja.
Und die Wahrheit regiert in Liebe die Völker. Halleluja.

Den Frieden bauten heilige Menschen. Halleluja.
Die Erde besitzen, in Ewigkeit leben. Halleluja.
Die Engel Gottes sind ihre Diener. Halleluja.
Christus wird sein alles in allem. Halleluja.

Unser tägliches Brot, dein Wille geschehe. Halleluja.
Du vergibst unsre Schulden, erlöst uns vom Bösen. Halleluja.
Denn dein Reich kommt in Kraft und in Herrlichkeit. Halleluja.
Du bist unser Vater in Ewigkeit. Amen. Halleluja.

TEXT KARL LAKOWITZ / BR. BODO FLACH CT **MUSIK** KLAUS LAMBERT (70ER JAHRE)

TE DEUM

Herr Gott, Dich loben wir,
Dich, Herrn, bekennen wir.
Dich, ewigen Vater,
betet der ganze Erdkreis an.

Dir jauchzen alle Engel laut,
Dir die Himmel und alle Gewalten,
Dir Cherubim und Seraphim
mit unaufhörlicher Stimme:

Heilig, heilig, heilig,
ist Gott, der Herr Zebaoth,
voll sind die Himmel und die Erde
von Deines Ruhmes Majestät.

Dich lobt der Apostel glorreicher Chor,
Dich der Propheten ehrwürdige Zahl,
Dich der Märtyrer weiß strahlendes Heer,
Dich bekennt die heilige Kirche durch alle Welt.

Dich, den Vater unendlicher Majestät,
Deinen anbetungswürdigen,
wahren und einigen Sohn
samt dem Heiligen Geiste, dem Tröster.

Du König der Ehren, o Christe,
Du bist des Vaters ewiger Sohn.
Als Du es auf Dich nahmst, die Menschheit zu erlösen,
verschmähtest Du nicht der Jungfrau Leib.

Nachdem Du des Todes Stachel besieget,
hast Du aufgetan den Gläubigen die Reiche der Himmel.
Du sitzest zur Rechten Gottes in der Herrlichkeit des Vaters
und wirst als Richter wiederkommen.

Darum bitten wir Dich, hilf Deinen Dienern,
die Du erkauft mit Deinem teuren Blut.
Lass sie zu Deinen Heiligen
gezählet werden in ewiger Herrlichkeit.

Sende Heil Deinem Volke, o Herr,
und segne Dein Erbteil.
Regiere und erhebe sie
bis in die Ewigkeit.

Tag für Tag benedeien wir Dich
und loben Deinen Namen in aller Ewigkeit.
Du wollest uns heute bewahren ohne Sünde,
o Herr, erbarme Dich unser.

Deine Barmherzigkeit, o Herr, walte über uns,
so wie wir auf Dich gehoffet haben.
Auf Dich, o Herr, habe ich gehofft,
ich werde nicht zuschanden werden in Ewigkeit.

Ehre sei dem Vater und dem Sohn
und dem Heiligen Geist,
wie im Anfang so auch jetzt und alle Zeit
und in Ewigkeit. Amen.

NACH AMBROSIUS VON MAILAND (4. JAHRHUNDERT)

DIE CHRISTUSTRÄGER-SCHWESTERN-BAND »CTS« IN DEN ACHTZIGER JAHREN

DEZ 00 VIER BRÜDER BEGINNEN IN MEISSEN/SACHSEN MIT EINER STADTKOMMUNITÄT · **2001** LEITUNG DER SCHUHWERKSTÄTTE RIO BRANCO/BRASILIEN WIRD AN DIE REGIERUNG ÜBERGEBEN · **SEP 01** DIE SCHWESTERN GEBEN DIE LEITUNG DES KINDERHEIMS IN SEMARANG/INDONESIEN AB UND KEHREN NACH DEUTSCHLAND ZURÜCK · **JAN 02** DIE BEIDEN EVANGELISTISCHEN BRÜDER-BANDS CTA UND CTB FORMIEREN SICH NEU ZUR CTX, SPÄTER ZU »CT & FRIENDS« → S 137

TRIEFENSTEIN SINGFREIZEIT FÜR TEENAGER

DIE CHRISTUSTRÄGER-BAND »CTB« IN DEN NEUNZIGER JAHREN

TRIEFENSTEIN GEBET ZUM ARBEITSBEGINN

SEP 02 ÜBERGABE DER ARBEIT IN EL MANANTIAL/ARGENTINIEN AN EINHEIMISCHE MITARBEITER. NACH UND NACH KEHREN DIE SCHWESTERN NACH DEUTSCHLAND ZURÜCK · **2002** AUF ANREGUNG VON BR. MARTIN ENTSTEHT DIE STIFTUNG »LEBEN UND ARBEIT« IN SACHSEN, EINE INITIATIVE ZUR HILFE FÜR JUGENDLICHE UND LANGZEITARBEITSLOSE · **JAN 03** BEGINN »HAUS MAMRE« (BETREUTES WOHNEN) IN OBERRODEN. → S 141

KAPITEL 11

GOTT FÜR UNSER REIFEN SEI DANK:_

WOHL DENEN, DIE KRAFT FINDEN IN DIR, UNTERWEGS DICH ZU SEHEN. ZIEHEN SIE DURCH DAS TROSTLOSE TAL, SPRINGEN UNTER IHNEN QUELLEN AUF, UND FRÜHREGEN HÜLLT SIE IN SEGEN. SIE SCHREITEN DAHIN MIT WACHSENDER KRAFT, SCHRITT FÜR SCHRITT. ENDLICH SCHAUEN SIE GOTT. NACH PSALM 84,6-8

50 Jahre CHRISTUSTRÄGER, das sind 600 Monate, 2.600 Wochen, 18.250 Tage, 438.000 Stunden. – Eine sehr lange Zeit, in der Gott uns treu geführt und begleitet, geprägt und verändert hat. Schon 16 Jahre nach unserer Gründung beobachtet einer unserer damaligen Leiter {Br. E. Klinge}, dass uns die Jahre als CHRISTUSTRÄGER sichtbar veränderten. Damals schreibt er in einem Rundbrief: *»Bei einigen Brüdern und Schwestern sieht man schon sehr deutlich die grauen Haare, und in den Gesichtern kann man viel von unserer Geschichte lesen. Unauslöschlich haben sich Enttäuschungen, Verfolgungen, Verkennung und unentwegtes Ausharren und das Tragen von Leid aller Art eingeprägt. Woher aber kommt dann die strahlende Freude? Wir haben die unfassliche Majestät unseres Herrn Jesus Christus erlebt, die immer wieder in allen Schwierigkeiten und Leiden triumphiert hat.«*

Beides erleben wir bis heute: Anstrengungen, Verluste, Enttäuschungen und Schwierigkeiten im Dienst für die Armen. Doch viel größer ist und bleibt die Freude über unseren Herrn, dem wir dankbar sind für all die Stunden, Tage, Wochen, Monate, Jahre und Jahrzehnte, die wir mit ihm gehen und die wir als Brüder und Schwestern miteinander leben dürfen! ¶

WAS WIR LOSLASSEN MUSSTEN

Sich für ein Leben als Bruder oder Schwester zu entscheiden, heißt manches zurücklassen, was unseren Zeitgenossen als unverzichtbar erscheint: »Am Anfang musste ich die Freiheit aufgeben«, erinnert sich *Br. Siegbert*. Ähnlich drückt es *Sr. Annette* aus: »Die persönliche Freiheit zu Entscheidungen über mein Leben und meinen Lebensstil«. »Das eigene Lebenskonzept und die vermeintliche Freiheit«, so formuliert *Br. Jörg*. »Wir haben auf ein ausschließlich selbstbestimmtes Leben verzichtet mit Ehe, Familie, Beruf und Karriere«, ergänzt *Br. Bodo*. *Sr. Dagmar {Rödermark}* musste ihr Motorrad *»loslassen«*, *Sr. Dagmar {Karachi}* ihr sportliches Engagement und manches Hobby. Und *Sr. Doris* musste sich damit abfinden, dass sie nun nicht mehr alleine über ihre Zeit und ihr Geld bestimmen konnte – und auch nicht mehr darüber, mit wem sie ihren Alltag verbringen möchte.

In jedem Lebensabschnitt gilt es, etwas anderes loszulassen, sagt *Br. Helmut* und zählt Beispiele auf: »Freundschaften, Heimat, Sicherheit, Geborgenheit - und Brüder, die heute nicht mehr bei uns sind.« Ähnliche Erfahrungen hat *Sr. Ulrike* gemacht: »Immer wieder muss ich loslassen: Menschen, Beziehungen, Aufgaben - um frei zu sein für Gott und für sein Reich.«

Sr. Margrit, Sr. Anne und alle anderen Mitschwestern in Indonesien verließen nicht nur ihre Heimat, sondern nahmen auch die indonesische Staatsangehörigkeit an, um möglichst lange bei den Menschen zu sein, zu denen Gott sie gesandt hatte.
Sr. Lydia berichtet voller Dankbarkeit, dass sie in ihrem Leben als Schwester nie wirklich etwas *»aufgeben«* musste. Ähnlich *Br. Martin*: »Was ich loslassen musste, ist nicht der Rede wert im Verhältnis zu dem, was ich gewonnen habe!« Und *Sr. Brunhilde* bilanziert: »Jesus Christus bedingungslos zu folgen gibt Freude, die alles übertrifft.«

KONGO / VANGA VERABSCHIEDUNG VON BR. GUSTAV (2009)

JULI 04 NACH ÜBER 40 JAHREN GEMEINSAMEN LEBENS FORMULIEREN DIE BRÜDER IHRE »GEMEINSAMEN GRUNDLAGEN« (REGEL) · **JAN 05** ERSTE BEGEGNUNGSTAGE DES NEU ENTSTEHENDEN »FREUNDESRATS« DER BRUDERSCHAFT · DIE ERSTEN BEIDEN »TERTIÄR-SCHWESTERN« WERDEN IN HERGERSHOF AUFGENOMMEN **OKT 05** DIE SCHWESTERN ÜBERGEBEN ALLE AUFGABEN IN HUMAHUACA/ARGENTINIEN IN EINHEIMISCHE HÄNDE UND KEHREN NACH DEUTSCHLAND ZURÜCK. → S 145

OBEN TRIEFENSTEIN / BR. BODO
UNTEN RÖDERMARK / SR. HILDEGARD, SR. DAGMAR UND SR. ELSE

FALSCHE VORSTELLUNGEN ABLEGEN

Etliche Brüder und Schwestern mussten sich während ihres Lebens in der Gemeinschaft von liebgewordenen Menschen, Gedanken und Vorstellungen verabschieden. Manchmal ein schmerzhafter Prozess. Gerade dann, wenn es ein Abschied von hohen Idealen ist: »Ich musste das Gefühl loslassen, in einer {nahezu} idealen Gemeinschaft ein {nahezu} ideales Leben zu führen.« *Br. Christian*. »Die Idealvorstellung, dass es bei uns keine Schwierigkeiten, keine Austritte, keine schwere Krankheit geben könnte.« *Sr. Sibylle*. »Die Illusion, dass wir es besser machen als alle anderen.« *Br. Gustav*.
In den langen Jahren in Übersee mussten wir auch Vorstellungen loslassen von dem, was an Veränderung trotz allem Einsatz nicht möglich ist. *Sr. Wanda*, die viele Jahre die Auslandsarbeit der Schwestern leitete, fasst es knapp zusammen: »Unsere ›Einbildung‹ aller Welt helfen zu können.« *Sr. Barbara* ergänzt im Blick auf die Kinderarbeit in Südamerika: »Im Hogar del Sol musste ich aufgeben, bei allen Kindern den ›Erfolg‹ erleben zu wollen, dass sie Jesus nachfolgen und die angebotenen Chancen für Schulbildung und Ausbildung dankbar annehmen.«

Auch manche Orientierung an geistlichen Vorbildern musste losgelassen werden, berichten Schwestern und Brüder: »Ich musste mich von frommen Idolen und Vorbildern verabschieden«, sagt *Br. Daniel*. »Von manchem falschen Gottesbild – und mancher falschen Vorstellung, die ich mir von anderen Schwestern und Brüdern gemacht hatte.« *Sr. Regina*. Und *Br. Friedhelm* wird sehr konkret: »Ich musste die Illusion von manchem Bruder aufgeben, den ich idealisierte, zu dem ich aufsah und den ich insgeheim bewunderte.«

DANKBAR FÜR DEN LEBENSWEG MIT GOTT

Wir alle haben viele gute Erfahrungen mit dem treuen Gott gemacht. Wir sind froh, als Brüder oder Schwestern in seinem Dienst zu stehen. Abhängig von ihm ist unser Leben aufregend, herausfordernd, nie langweilig: »Ich bin Gott dankbar für ein ausgefülltes, reichhaltiges Leben«, berichtet *Br. Kurt*. *Sr. Chris* bezeichnet ihr Leben als »ungeheuer vielfältig und interessant«. Und *Br. Peter* ist froh, dass er »ein gelungenes, abwechslungsreiches, interessantes Leben führen kann«.
Ein Leben mit einem guten Ziel und einer klaren Linie: »Ich bin dankbar, dass ich nach einer sehr schweren Kopf-Verletzung mit 24 Jahren entgegen allen menschlichen Voraussagen meiner Berufung, Missionsärztin zu werden, nachkommen konnte« bezeugt *Sr. Elisabeth*.
Möglich wird dieses Leben durch die Liebe unseres Herrn, deshalb betont *Sr. Adelheid* besonders »Jesu Art und Weise, mich und jeden anderen Menschen zu lieben«. Ähnlich formuliert *Br. Jens*: »Ich bin Gott dankbar dafür, dass er mich so nimmt, wie ich bin. Auch wenn ich mich selbst nicht so annehmen kann.« Ganz ähnlich drückt es *Sr. Inge* aus: »Ich bin dankbar für Gottes uneingeschränktes Ja zu mir. Und dafür, dass er immer wieder Überraschungen für mich und für uns als Gemeinschaft bereit hat!«

TRIEFENSTEIN BR. CHRISTIAN UND BR. ULI

DEZ 05 BR. CHRISTIAN WIRD ZUM PRIOR DER BRUDERSCHAFT GEWÄHLT · **JULI 06** BR. KURT BEGINNT VON VANGA/KONGO AUS DIE MITARBEIT IN EINEM LANDWIRTSCHAFTLICHEN PROJEKT · **FEB 07** WIEDERWAHL DES LEITUNGSTEAMS DER SCHWESTERNSCHAFT (SR. ASTRID, SR. DOROTHEA, SR. CHRISTINE), UNTERSTÜTZT VON EINEM SCHWESTERNRAT · **MAI 07** TOD DES ERSTEN BRUDERS (BR. GEORG); BEERDIGUNG AUF DEM FRIEDHOF IN TRIEFENSTEIN · **MAI 07** BAUBEGINN EINER LEHRWERKSTATT IN KABUL/AFGHANISTAN. → S 151

DANKBAR FÜR DEN WEG ALS BRUDER ODER SCHWESTER

Viele Brüder und Schwestern empfinden so, wie *Br. Siegfried* es formuliert: »Ich bin Jesus besonders dankbar dafür, dass ich das JA zum Leben als Bruder sagen konnte.«
Sr. Vreni ist regelrecht begeistert von ihren »echt tollen Schwestern, die mich ertragen und erdulden, die immer wieder bereit sind, mit mir abenteuerliche Wege zu gehen und dazu keinen Einsatz scheuen.«
»Für den bisherigen Weg als Bruder, mit allen Höhen und Tiefen« dankt *Br. Gerd* besonders. Wichtig ist ihm auch »die Erfahrung des Lernens und Wachsens auf diesem Weg.«
Sr. Angela ist froh darüber, »dass Gott die Bruderschaft in den Jahren der Krise zusammengehalten hat.«
Sr. Christine freut sich über den »weiten Horizont«, den sie durch die Arbeit der Schwesternschaft in vielen verschiedenen Ländern bekommen hat und an den »Geschwistern in den anderen Ländern.« Und *Br. Friedhelm*, der als Kinderarzt im Kongo arbeitet, sagt: »Ich bin froh einen Platz zu haben, wo ich mein Leben sinnvoll einbringen kann!«
Sr. Dagmar in Karachi schließt mit »dass wir als Schwestern- und Bruderschaft Teil Seines Reiches sind, welches Er schon hier mitten unter uns und mit uns baut, und dass das Eigentliche noch kommt!«

OBEN KÜNZELSAU / SR. HILDEGARD
UNTEN RALLIGEN / SCHWEIZ - BR. GEORG

KAPITEL 12

GOTT FÜR UNSERE ZUKUNFT SEI DANK:_

WAHRLICH, WAHRLICH, ICH SAGE EUCH: WENN DAS WEIZENKORN NICHT IN DIE ERDE FÄLLT UND ERSTIRBT, BLEIBT ES ALLEIN; WENN ES ABER ERSTIRBT, BRINGT ES VIEL FRUCHT. JOHANNES 12,24

Wie geht es weiter? Wo und wie soll unsere Bruder- und Schwesternschaft im Auftrag des obersten Dienstherrn in den nächsten Jahren und Jahrzehnten arbeiten? Wie setzt Gott die spannende Geschichte fort, die er vor 50 Jahren mit den ersten Schwestern und Brüdern der CHRISTUSTRÄGER begonnen hat?
Drängende Fragen angesichts einer Gesellschaft, die scheinbar immer weniger nach Gott fragt. Angesichts einer Welt, in der Elend, Ungerechtigkeit, Leid und Armut zum Himmel schreien wie vor 50 Jahren.
Es gäbe so viel für uns zu tun – aber auch zum Dienst bereite Schwestern und Brüder werden älter und verlieren an Kraft. Und nur wenige jüngere Menschen schließen sich unserer Gemeinschaft an.

Trotzdem gehen wir zuversichtlich und voller Freude in die Zukunft. Denn wir wissen: Gott sorgt weiter für uns, für unsere Gemeinschaft und für jeden und jede Einzelne. Er wird uns weiter für seine Sache einsetzen und uns dazu die Kraft geben, die wir brauchen! ¶

WAS WIR NIE AUFGEBEN WOLLEN

Die Liebe zu Jesus soll immer die erste Stelle in unserem Leben bleiben. — BR. RETO : RALLIGEN · SCHWEIZ

Weil wir be-GEIST-ert von Jesus sind, wollen wir für andere Menschen da sein und sie mit unserer Freude anstecken. — SR. CHRISTINE : KÜNZELSAU

Festhalten an IHM und Seinen Versprechungen. Und offen sein für neue Wege, die ER mit uns gehen will. — SR. DORIS : KÜNZELSAU

Hoffnung und Humor, Geduld und Gastfreundschaft. Wir dürfen uns nicht abschotten, sondern müssen Ohr und Herz bei den Menschen haben. — SR. HEIDRUN : AUERBACH

Die Verpflichtung, unser Leben uneingeschränkt Gott zur Verfügung zu stellen. — BR. GUSTAV : RALLIGEN · SCHWEIZ

Dem Namen »CHRISTUSTRÄGER« gemäß leben: Christus in uns tragen, von IHM getragen IHN zu den Menschen in unserem Umfeld tragen. Er ruft uns in Mission und Diakonie. — BR. MARTIN : WILSDRUFF

Wir sind nichts Besonderes, nur eine kleine Gemeinschaft mit einer großen Aufgabe: Weiterzusagen, dass es einen wunderbaren, guten Gott gibt, für den es sich zu leben lohnt. — BR. UWE : TRIEFENSTEIN

Wir wollen anderen Menschen das Leben mit Gott nahe bringen, ihnen Jesus vor Augen malen – durch Liebe, Wort und Tat. — SR. WALTRAUT : KÜNZELSAU

Wir CHRISTUSTRÄGER haben eine Aufgabe und werden auch heute gebraucht. Die Bruderschaft ist für mich kein Auslaufmodell, sondern eine immer neue Herausforderung. — BR. JOHANNES : TRIEFENSTEIN

TRIEFENSTEIN BR.GERD

NOV 08 SCHLIESSUNG DER KINDERTAGESSTÄTTE MORIA IN RIO BRANCO/BRASILIEN · **MAI 09** VERABSCHIEDUNG DER SCHWESTERN AUS KUDUS/INDONESIEN; DAS FRÜHERE 15-BETTEN-HAUS VERFÜGT JETZT ÜBER 400 BETTEN · **JUNI 09** UMZUG DER BRÜDER VON MEISSEN NACH WILSDRUFF/SACHSEN IN DIE NÄHE DER STIFTUNG »LEBEN UND ARBEIT« · **2010** NACH MEHREREN JAHREN PAUSE WERDEN EINE NEUE SCHWESTER UND NEUE BRÜDER IN DIE PROBEZEIT UND IN DIE GEMEINSCHAFT AUFGENOMMEN · **2011** »GOTT SEI DANK« – AUCH FÜR DIE KOMMENDEN 50 JAHRE.

UNSERE HOFFNUNG FÜR DIE ZUKUNFT

Gott hält die Fäden in der Hand!
— SR. INGE : HERGERSHOF

Mein Wunsch an Jesus ist es, im Kreis der Brüder die Arbeit, die mir zugewiesen ist, bei guten Kräften tun zu können – als ein Mitbruder, der Brüder und Gäste aufrichtet und stärkt. — BR. DIETER : TRIEFENSTEIN

Wir wollen immer mehr hineinwachsen in die Weite, Freiheit und Großherzigkeit Gottes und dabei offen bleiben oder offen werden für Neues.
— SR. HEIDRUN : AUERBACH

Ich will bereit sein, auf Gott zu hören, ihm zu gehorchen und so »*lebendig*« zu bleiben.
— SR. ADELHEID : AUERBACH

Ein »*gelungener*« Bruder möchte ich werden und dazu im Glauben und als Persönlichkeit wachsen.
— BR. GERD : TRIEFENSTEIN

Ich habe die Hoffnung, dass wir Jesus immer ähnlicher werden. — SR. HELENE : HERGERSHOF

Ich möchte noch möglichst lange bei den Armen weiterleben und weiter für sie arbeiten.
— BR. REINHART UND BR. FRIEDHELM : VANGA · KONGO

Ich hoffe, dass wir wachsen, blühen und ausreifen, auch wenn wir älter und alt werden.
— BR. SIEGBERT : KABUL · AFGHANISTAN

Ich will mich mit meinen Gaben für das Gesamte nützlich machen, hoffentlich ausreichend lange leben und dann lebenssatt sterben dürfen.
— BR. DANIEL : TRIEFENSTEIN

In 23 Jahren als Schwester habe ich erlebt, dass es bei Gott immer eine Perspektive gibt, auch wenn ich sie nicht sehe. Sie öffnet sich, wenn ich mich in das »*Jetzt*« hineingebe und gleichzeitig alles von Gott erwarte. Ich vertraue darauf: Was Gott will, das wird werden! — SR. SIBYLLE : RÖDERMARK

Wir hoffen, dass neue Schwestern und Brüder zu uns kommen, um mit uns gemeinsam die Berufung als »CHRISTUSTRÄGER« zu leben.
— SR. MARIA : AUERBACH — SR. ULRIKE : JUJUY · ARGENTINIEN
— SR. URSULA : KÜNZELSAU

RALLIGEN / SCHWEIZ BR. UWE

UNSERE HOFFNUNG FÜR DIE ZUKUNFT

Wir hatten eine starke erste Generation, und wir haben eine starke zweite Generation von Schwestern und Brüdern – mit vielen unterschiedlichen Begabungen. Ich staune, dass Gott dafür gesorgt hat. Es könnte ein Hinweis darauf sein, dass ER uns auch im nächsten Kapitel der neuzeitlichen Apostelgeschichte dabeihaben möchte.
— BR. THOMAS : VANGA · KONGO

Hoffentlich gibt es eine dritte Generation von CHRISTUSTRÄGER-Brüdern und -Schwestern! Jesus soll uns weiterhin als seine Werkzeuge einsetzen und gebrauchen. — BR. CHRISTIAN : TRIEFENSTEIN

Auch im Ruhestand will ich mich bei den verschiedensten Diensten einsetzen, soweit es meine Fähigkeiten und Kräfte erlauben. Außerdem will ich im Gebet hinter allen meinen Brüdern und Schwestern und ihren Diensten stehen – und auch um »*Nachwuchs*« beten. — SR. ELISABETH : HERGERSHOF

Ich möchte Jesus weiter nachfolgen und ihm in unserer Gemeinschaft mit meinen Gaben und Möglichkeiten dienen. Weiterhin das Evangelium durch die Musik weitersagen, in unseren Häusern gastfreundlich sein und unsere Gäste im Glauben fördern und begleiten. — BR. BODO : TRIEFENSTEIN

Als Bruder- und Schwesternschaft haben wir den Auftrag zu bezeugen, dass sich ein verbindliches Leben mit Gott und gemeinsam mit den Schwestern und Brüdern lohnt. Ich wünsche mir, dass wir mindestens so viele sein werden, dass wir dem Zeitgeist die Suppe gehörig versalzen können …
— SR. VRENI : JUJUY · ARGENTINIEN

Gott wird das »*gute Werk*« {Philipper 1,6}, das ER angefangen hat, auf wunderbare Weise fortführen – weil es seine Sache ist. — SR. GISELA : AUERBACH
— SR. HEIDEROSE : RÖDERMARK — SR. ASTRID : HERGERSHOF

Wir werden unsere Spuren hinterlassen in der Geschichte des Reiches Gottes.
— SR. CHRIS : RAWALPINDI · PAKISTAN

MEISSEN BR. SIEGBERT MIT PFADFINDERN (2008)

KONTAKT

Gerne können Sie uns Ihre Fragen stellen oder uns persönlich besuchen.

CHRISTUSTRÄGER BRUDERSCHAFT
KLOSTER TRIEFENSTEIN AM MAIN
AM KLOSTERBERG 2
D-97855 TRIEFENSTEIN
TEL 09395-777-0
FAX 09395-777-103

CHRISTUSTRÄGER BRUDERSCHAFT
AM KIRCHPLATZ 1
D-01723 WILSDRUFF
TEL 035204-39 45 00

CHRISTUSTRÄGER COMMUNITÄT
GUT RALLIGEN AM THUNERSEE
SCHLOSSWEG 3
CH-3658 MERLIGEN
TEL 0041 (0)33-2 52 20 30
FAX 0041 (0)33-2 52 20 33

INTERNET WWW.CHRISTUSTRAEGER-BRUDERSCHAFT.ORG
E-MAIL TRIEFENSTEIN@CHRISTUSTRAEGER.ORG

Für Kontakte und Informationen zu den Stationen in Übersee wenden Sie sich an die Brüder in Triefenstein.

BANKVERBINDUNGEN
RAIFFEISENBANK MAIN SPESSART
BLZ 790 651 50 · **KONTO** 220 84 82
IBAN DE91 7906 9150 0002 2084 82
BIC GENODEF1GEM

RAIFFEISENBANK STEFFISBURG
BC 80817 · **KONTO** 7243.80
IBAN CH14 8081 7000 0007 2438 0
BIC RAIFCH22

CHRISTUSTRÄGER SCHWESTERNSCHAFT
HERGERSHOF
HERGERSHOF 8
D-74542 BRAUNSBACH
TEL 07906-86 71
FAX 07906-86 70

CHRISTUSTRÄGER SCHWESTERNSCHAFT
BENSHEIM-AUERBACH
WEINBERGSTRASSE 14
D-64625 BENSHEIM
TEL 06251-7 21 43
FAX 06251-7 23 60

CHRISTUSTRÄGER SCHWESTERNSCHAFT
RÖDERMARK
TALSTRASSE 38
D-63322 RÖDERMARK
TEL 06074-9 57 62
FAX 06074-9 32 77

CHRISTUSTRÄGER SCHWESTERNSCHAFT
KÜNZELSAU
RUDOLF-HAUSNER-STRASSE 22
D-74653 KÜNZELSAU
TEL 07940-54 75 29
FAX 07940-54 75 46

INTERNET WWW.CHRISTUSTRAEGER-SCHWESTERN.DE
E-MAIL VERWALTUNG@CHRISTUSTRAEGER-SCHWESTERN.DE

Für Kontakte und Informationen zu den Stationen in Übersee wenden Sie sich bitte an die Verwaltung der Schwestern in Hergershof Tel. 07906 - 94 00 43

BANKVERBINDUNGEN

Konten für unsere Dienste in Übersee

DEUTSCHE BANK BENSHEIM
BLZ 509 700 24 · **KONTO** 0118 232 00
IBAN DE32 509 700 240 0118232 00 · **BIC** DEUT DE DB509
POSTBANK FRANKFURT/MAIN
BLZ 500 100 60 · **KONTO** 246 884 602
IBAN DE15 500 100 600 2468846 02 · **BIC** PBNKDEFF
POSTFINANCE SCHWEIZ
KONTO 80-54732-7 · **IBAN** CH50 0900 0000 8005 4732 7
BIC POFICHBEXXX

Für die Bankverbindungen der deutschen Schwesternhäuser wenden Sie sich bitte an die Verwaltung in Hergershof Tel. 07906 - 94 00 43

IMPRESSUM

HERAUSGEBER CHRISTOPH ZEHENDNER UND BRUDER THOMAS DÜRR · **TEXT** CHRISTOPH ZEHENDNER, WWW.CHRISTOPH-ZEHENDNER.DE · **FOTOS** CHRISTUS-TRÄGER BRUDER- UND SCHWESTERNSCHAFT, MICHAEL GIBIS · **REDAKTION** BR. THOMAS DÜRR, BR. CHRISTIAN HAUTER · **VISUELLES KONZEPT UND GESTALTUNG** MICHAEL GIBIS, WWW.MICHAELGIBIS.COM · **HERSTELLUNG** BENEDICT PRESS / MÜNSTERSCHWARZACH · **PAPIER** MUNKEN PRINT EXTRA 18 · **GRUNDSCHRIFT** CALLUNA REGULAR.

VERLAG VIER-TÜRME-VERLAG / MÜNSTERSCHWARZACH, WWW.VIER-TUERME-VERLAG.DE
ISBN 978-3-89680-506-5